Amerikanische Küche

Peter Niebergall

A merika – das Land der unbe-
grenzten Möglichkeiten – hat
auch kulinarisch viel zu bieten. Ent-
decken Sie die Weite der amerikanischen Küche! Viele üppige Frühstücks-
rezepte, schnelle Sandwich- und
Snackrezepte für die kleine Mahlzeit
zwischendurch oder im Büro finden Sie
neben anspruchsvollen Gerichten für
ein festliches amerikanisches Menü.

Inhalt

W0041303

Alle Rezepte auf einen Blick

Rezept	Seite	kcal je Portion/Stück	preiswert	vegetarisch	als Snack	für Gäste	für Kids	low fat	schnell	einfach
Pfannkuchen mit Ahornsirup	10	480	✔	✔			✔			✔
Buttermilchbrötchen mit Rührei-Speck-Füllung	12	580	✔		✔	✔	✔			
Spiegeleier mit Bratkartoffeln	13	450	✔							✔
Truthahnsandwich mit Cranberries-Ketchup	14	500			✔	✔		✔		
Cornedbeef-Sandwich	16	620	✔		✔			✔		✔
Käsesandwich	17	400	✔	✔	✔		✔		✔	✔
Roquefortburger	18	700		✔	✔					✔
Pastrami-Käse-Baguette	19	950		✔	✔				✔	✔
Maissoufflé	20	400	✔	✔		✔		✔	✔	
Mais-Bohnen-Suppe	22	620		✔		✔				
Rucola-Truthahn-Salat	23	410				✔		✔		✔
Deftige Kohlsuppe mit Apfel	24	240	✔					✔		
Kürbissalat	25	250	✔	✔		✔				
Sommersalat mit Thousand-Island-Dressing	26	600		✔		✔				
Grüner Salat mit süßsaurem Speckdressing	27	210				✔		✔		
Gekühlte Avocadosuppe	28	260	✔	✔		✔				✔
Waldorfsalat	29	460	✔	✔		✔			✔	
Gebackene Kartoffelschalen	30	360	✔	✔	✔		✔	✔		✔
Würzige Hähnchenflügel	32	820	✔		✔		✔			✔
Hähnchenbrust mit getrockneten Tomaten	34	510				✔		✔		

Rezept	Seite	kcal je Portion/Stück	preiswert	vegetarisch	als Snack	für Gäste	für Kids	low fat	schnell	einfach
Gegrillte Schweinerippe	36	500			✔					✔
Käsetortillas mit scharfer Guacamole	37	790	✔	✔		✔			✔	✔
Chili con Carne	38	650	✔							✔
Gegrilltes T-Bone-Steak	39	560			✔			✔	✔	✔
Makkaroni-Käse-Auflauf	40	660	✔	✔			✔		✔	✔
Gebackene Bohnen	42	700	✔							✔
Frittiertes Hähnchen	43	660	✔				✔			
Hummer Thermidor	44	390				✔		✔		
Jambalaya	46	600				✔				✔
Käsekuchen	48	600		✔		✔				
Blaubeermuffins mit Streuseln	50	410	✔	✔	✔		✔		✔	✔
Brownies	51	110		✔	✔		✔			
Gedeckter Apfelkuchen	52	330	✔	✔			✔	✔		
Schokoladenplätzchen	54	170		✔	✔		✔			✔
Zitronenkuchen	55	330	✔	✔			✔			✔
Schokoladentorte	56	700		✔			✔			
Pekannuss-Bataten-Kuchen	58	600		✔			✔			
Pralineneis	60	540		✔			✔			
Pfirsicheis	61	520	✔	✔			✔			

Für Entdecker und Genießer

Amerika ist nicht nur ein Schmelztiegel der Nationen, sondern auch derer Küchen. So trägt die Amerikanische Küche die verschiedensten europäische Züge. Durch einheimische Gemüse- sorten oder populäre Nutztierarten und durch die speziellen Erfordernisse bei der Besiedlung des „Wilden Westens" entwickelte sich aber auch durchaus ein eigenständiger Charakter. Typische Zutaten und Gerichte werden Ihnen hier kurz vorgestellt.

Ahornsirup wird aus den Zuckerahorn- bäumen, die im Nordosten Amerikas wachsen, gewonnen. Die Baumstämme werden ange- bohrt, der austretende süße Saft wird gesam- melt und eingedickt. Es gibt verschiedene Qua- litäten von Ahornsirup. Als Faustregel gilt: je heller der Sirup, desto feiner das Aroma.

Bacon bits sind ausgelassene Streifen „Früh- stücksspeck". Die Streifen werden in einer Pfan- ne bei mittlerer Hitze kross gebraten. Den Speck lässt man auf Küchenkrepp auskühlen und zer- bröckelt ihn. So entstehen aus dem *bacon* die *bits*. Diese sind der kleine kulinarische Clou auf Salaten oder in deftigen Suppen.

Bataten haben schon die Inkas angebaut. In der Indianersprache heißen sie *batatas*, was häu- fig mit „Kartoffeln" übersetzt wird. Die Bataten, auf Englisch *sweet potatoes*, sind aber nicht mit unserer Speisekartoffeln ver- wandt. Bataten erhalten Sie in Deutschland mit ganz viel Glück im Herbst auf großen Wochenmärkten.

Beans, Bohnen, sind bei uns mehr oder weniger von den Tellern verschwunden. In den Staaten werden sie jedoch nach wie vor gerne und viel gegessen. *Baked Beans* mit Tomaten- sauce in der Dose finden Sie auch von vielen deutschen Herstellern im Regal Ihres Super- marktes. Warm gemacht zu geröstetem Toast- brot ist dies ein wirklich attraktives Fastfood- Gericht. Außer den weißen Bohnen werden in den Südstaaten Kidneybohnen oder schwarze Bohnen in deftigen Eintöpfen verwendet.

Biscuits, das hört sich für deutsche Ohren an wie Biskuit. Es handelt sich jedoch um eine amerikanische Bezeichnung für eine Brötchen- variante. Der Teig für *biscuits* hat auch nichts mit Biskuitteig zu tun, sondern er wird mit Back- pulver und Natron zubereitet.

Blueberries, zu deutsch „Blaubeeren", die Sie im Handel finden, sind wesentlich größer als Waldblaubeeren. Sie stammen aus einer Kreuzung dreier amerikanischer Blaubeersorten und haben ein ausgewogenes Säure-Zucker- Verhältnis. Die Erntezeit von Blaubeeren beginnt Ende Juli.

Brownies gehören zu den Klassikern der süßen amerika- nischen Küche und enthalten viel Schokolade. Nach dem Backen sollten die Schokoschnitten noch ziemlich feucht sein. Dies ist ein Zeichen für erstklassige Brownies. Sie sollten die Backzeit also auf keinen Fall verlängern, damit sie nicht austrocknen.

Chocolate chips sind kleine, fingerhütchenförmige Schokoladenstücke, die es während amerikanischer Aktionswochen im Supermarkt oder in der Feinkostabteilung gut sortierter Lebensmittelgeschäfte zu kaufen gibt. Man kann sie jedoch auch durch grobes Zerhacken einer Tafel Schokolade mit einem kühlen Messer leicht selbst herstellen.

Chorizo ist eine sehr herzhafte, aus Spanien stammende Knoblauchwurst. Man kann sie durch Cabanossi ersetzen. Chorizo findet man in deftigen Eintöpfen und Gerichten der stark spanisch geprägten texanischen Küche.

Corn, zu deutsch Mais, stammt nicht nur ursprünglich aus der Neuen Welt, sondern stellt dort mit einer Jahresernte von über 180 Mio. t auch eines der wichtigsten landwirtschaftlichen Produkte dar. Mais wird vor allem im mittleren Westen angebaut.
Viele Produkte, die auch bei uns bekannt sind, werden aus Mais hergestellt: Cornflakes sind beispielsweise gewalzte und getrocknete Maiskörner. Für Popcorn verwendet man eine besondere Maissorte, deren Körner bei Hitzezufuhr aufplatzen. Bei uns in Deutschland wird Popcorn in den meisten Fällen süß angeboten, in den USA liebt man aber genauso die salzige Zubereitung.

Cranberries werden auch als Moosbeeren bezeichnet. Heute werden sie im großen Stil angebaut. Im Spätherbst, wenn die Beeren reif für die Ernte sind, werden die Felder geflutet und die Farmer können die Beeren dann aus dem Wasser fischen. Frische Cranberries erhalten Sie inzwischen auch bei uns von Ende Oktober bis Anfang Dezember in großen und gut sortierten Supermärkten.

Guacamole ist ein Dip, den die Mexikaner in die Küche der Vereinigten Staaten eingeführt haben. Er wird auch sehr gerne zu Tacochips gereicht. Die Grundzutat ist stets eine Avocado, die allerdings nach dem Anschneiden etwas Zitronensaft oder Essig braucht, sonst wird das Fruchtfleisch braun.

Gumbo-Filé-Pulver – auch Sassafras genannt – ist ein Würzmittel, das aus den jungen Blättern des Sassafrasbaumes hergestellt wird. Die Blätter werden getrocknet und gemahlen. Sie dienen dann zum Würzen und Andicken von Eintöpfen.

Hummer ist zwar auch in Amerika eine Delikatesse und wird natürlich nicht täglich gegessen, spielt dort aber eine viel größere Rolle in der Küche als bei uns. Die Staaten haben einen riesigen Küstensaum und besonders die Küste um Neuengland ist reich an Schaltieren. Viele Gourmets behaupten, dass es den besten Hummer in Maine gibt.

Jalapeño-Pfeffer ist eine Chiliart, deren fingerlange Schoten meist grün sind. Es gibt jedoch auch rote Sorten. Jalapeño-Pfeffer ist eine der weit verbreiteten Chilisorten in den USA. Da er bei uns nur schwer erhältlich ist, sollte man ersatzweise auf andere Chilisorten zurückgreifen.

Liquid-Smoke-Würzflüssigkeit mit Hickoryholzrauch-Aroma stammt aus Texas. Sie verleiht einem Gericht ein typisches Grillaroma. Ersatzweise kann auch Rauchsalz verwendet werden, das man im Gewürzregal eines gut sortierten Lebensmittelgeschäftes findet.

Monterey Jack ist ein milder, kalifornischer Schnittkäse aus Kuhmilch. Man kann ihn durch jungen Gouda ersetzen.

Muffins haben in den letzten Jahren auch die deutschen Bäckereien erobert. Die Engländer haben dieses Gebäck, das ursprünglich aus Hefeteig zubereitet wurde, mit in die Neue Welt gebracht. Mit der Erfindung des Backpulvers verbreiteten sich dann mehr und mehr Rezepte auf Rührteigbasis.

Wenn Sie regelmäßig Muffins selbst backen wollen, sollten Sie sich ein Muffinblech kaufen. In die 12 Vertiefungen dieser meist beschichteten Bleche wird der sehr flüssige Teig gefüllt.

Nachos sind frittierte Stücke von Maistortillas. Es gibt sie auch bei uns schon fertig zu kaufen. Maistortillas und auch Nachos sind typische Zutaten der texanischen Küche. Das Backen von Fladen ist dort eine Tradition, die die Weißen von den Indianern gelernt haben.

Pastrami ist ein in einer gesüßten Rotwein-Essig-Mischung mariniertes und dann geräuchertes Stück Rindfleisch. Je nach Dicke des Stückes wird es 6–8 Stunden bei 180 °C geräuchert. Mit etwas Glück können Sie es in großen Kaufhäusern oder bei einem jüdischen Metzger kaufen.

Peanutbutter (Erdnussbutter) gehört zum amerikanischen Frühstück auf eine Scheibe Toast wie in Deutschland die Butter auf das Brot. Erdnussbutter können Sie mittlerweile in jedem deutschen Supermarkt kaufen. Sie wird in den Geschmacksvarianten süß und salzig angeboten und kann cremig sein oder Nussstückchen enthalten.

Pekannüsse wachsen auf Hickorybäumen und sind nahe Verwandte der Walnuss, ihr Geschmack ist jedoch milder und süßer.

Pumpkin ist ein amerikanischer rotgelber Riesenkürbis. Frisch ist er in Deutschland nur selten zu finden. Das Kürbisfleisch gibt es jedoch auch in Dosen zu kaufen.

Rucola ist nicht nur bei uns in Mode gekommen. Der kräftige, nussige Geschmack dieses Salates findet immer mehr Fans. Unter dem Namen Rauke war die Pflanze schon im Mittelalter als Heilmittel bekannt.

Sauerkraut – dieses Wort haben die Amerikaner unverändert in ihren Wortschatz übernommen. Auch wenn „Krautesser" eine in den USA entstandene Beschimpfung ist, sind Weißkohl (engl. cole) und Sauerkraut dort sehr beliebt und werden kalt auf Sandwiches oder als Zutat in Suppen gegessen.

Spareribs, zu deutsch Schweinerippen, sind entweder aus dem vorderen Brustkorb mit Brustbein und Knorpeln geschnitten oder aus dem hinteren Brustkorb ohne die Rückenwirbel. Man kann sie in Deutschland inzwischen vielerorts unter der US-Bezeichnung beim Metzger kaufen. Versuchen Sie es sonst mit dem deutschen Begriff.

Tabasco ist eine extrem scharfe Sauce aus Louisiana. Reife Chilischoten werden zu Brei zermahlen und mit Salz vermischt. Dann lagert dieser Brei mindestens 3 Jahre in Eichenfässern. Danach wird er umgefüllt, mit Essig vermischt und während der nächsten 30 Tage immer wieder durchgerührt. Zum Schluss filtert man ihn und füllt ihn in kleine Flaschen ab. Tabasco wurde von Edmund McIlhenny erfunden. Die Bezeichnung stammt von der gleichnamigen mexikanischen Provinz am Golf von Campeche. Seit einiger Zeit gibt es auch grünen Tabasco, der ein wenig milder ist. Angebrochene Tabascoflaschen sollten Sie im Kühlschrank lagern.

Tortillas sind Mais- oder Weizenmehlfladen mexikanischer Herkunft. Es gibt sie bereits fertig zu kaufen. Dies ist auch zu empfehlen, denn ohne Tortillapresse ist das Selbermachen eine beschwerliche Angelegenheit.

Turkey, zu Deutsch Truthahn, Truthuhn, Pute oder Puter, ist das Schwergewicht unter den Schlachtgeflügelarten. Die weiblichen Tiere bringen um die 12 kg, die Hähne bis zu 25 kg Lebendgewicht auf die Waage. Die Schlachtkörper werden in der Regel vor dem Verkauf zerlegt und als Teilstücke angeboten. Der Truthahn bzw. die Pute ist ein Ureinwohner Amerikas. Das Fleisch ist bei den Amerikaner sehr beliebt, da es sehr fettarm ist.

Vanilleextrakt gibt es fertig zu kaufen. Sie können ihn aber auch selbst herstellen. Dafür legen Sie 2 aufgeschlitzte Vanilleschoten in 100 ml Bourbon-Whiskey ein. Nach 2 Wochen ist der Extrakt verwendbar. Er kann immer wieder mit Bourbon aufgefüllt werden.

Die Rezepte

Pancakes with Maple Sirup

Pfannkuchen mit Ahornsirup

preiswert ✔

vegetarisch ✔

als Snack

für Gäste

für Kids ✔

low fat

schnell

einfach ✔

Für 4 Personen

● Zubereitungszeit: ca. 50 Min.
● Ruhezeit: ca. 30 Min.
● ca. 480 kcal je Portion

175 g Mehl • 1 TL Salz • 4 EL Puderzucker •
1–2 TL Backpulver
4 EL Butter • 2 frische Eier • 200 ml Milch
4 TL Erdnussöl
5 EL weiche Butter zum Bestreichen •
Ahornsirup zum Beträufeln

1. Das Mehl in eine Schüssel sieben. Salz, Puderzucker und Backpulver dazugeben und alles gut verrühren.

2. Die Butter in einer Pfanne zerlassen, leicht abkühlen lassen. Zusammen mit den Eiern und der Milch in einer Schüssel kräftig verschlagen.

3. Die Milchmischung zum Mehl geben und das Ganze mit den Quirlen eines Hand-rührgeräts oder dem Schneebesen glatt-rühren. Den Teig im Kühlschrank etwa 30 Mi-nuten ruhen lassen. Er sollte recht dickflüssig sein.

4. Dann 1 TL Erdnussöl in einer schweren, großen Pfanne bei mittlerer Hitze heiß wer-den lassen. Mit einer Schöpfkelle nacheinan-der 3 Teigportionen in die Pfanne geben. Die Pfannkuchen von beiden Seiten goldbraun backen. Die fertigen Pfannkuchen aus der Pfanne nehmen und aufeinander gelegt im Ofen warm halten. Mit dem restlichen Öl und Teig weitere 9 Pfannkuchen zubereiten und ebenfalls warm halten.

5. Jeweils 3 Pfannkuchen auf einen Teller stapeln, dabei einige Butterflöckchen zwi-schen die einzelnen Pfannkuchen geben und das Ganze nach Belieben mit Ahornsirup beträufeln.

Tipps

Wenn der Teig zu dünnflüssig ist und in der Pfanne zu stark verläuft, geben Sie 1–2 EL Mehl hinzu, dann wird er dicker. Damit sich keine Klümpchen bilden, sieben Sie am besten das Mehl in den Teig und schlagen alles kräftig durch.

Kindern können Sie eine besondere Freude ma-chen, wenn Sie feuerfeste Ausstechförmchen in die Pfanne setzen und dort vorsichtig den Teig hinein-geben. Den Kids werden diese Pfannkuchen gleich doppelt so gut schmecken.

Variation

Pfannkuchen sind auch pikant sehr gut. Lassen Sie den Zucker aus dem Teigrezept weg und würzen Sie den Pfannkuchen stattdessen mit einer Prise Salz. Anstelle des Weizenmehls geben Sie Roggenmehl in den Teig. Bevor Sie die Pfannkuchen backen, las-sen Sie zuerst Frühstücksspeck aus und in diesem Fett backen Sie dann die Pfannkuchen.

Buttermilk Biscuits

Buttermilchbrötchen mit Rührei-Speck-Füllung

200 g Weizenmehl • etwas Salz • 2 TL Backpulver •
$^1/_2$ TL Zucker • 1 Msp. Natron •
4 EL Butter oder Schmalz

80 ml Buttermilch

8 Scheiben Frühstücksspeck (Bacon)

8 frische Eier • 2 EL gehackte Petersilie •
etwas Pfeffer aus der Mühle • 1 Spritzer Tabasco

1. Zuerst den Backofen auf 225 °C (Umluft 200 °C; Gas Stufe 4) vorheizen. Mehl in eine Schüssel sieben. Salz, Backpulver, Zucker und Natron dazugeben und alles mit den Quirlen eines Handrührgeräts vermischen. Butter oder Schmalz dazugeben und rühren, bis eine gleichmäßige krümelige Masse entsteht.

2. Die Buttermilch dazugeben und alles etwa 30 Sekunden verrühren, bis sich der Teig gerade von der Schüssel löst.

3. Den Teig auf eine bemehlte Arbeitsfläche geben, kurz durchkneten und etwa 1 $^1/_2$ cm dick ausrollen. Aus dem Teig Kreise mit etwa 8 cm Ø ausstechen und diese auf ein mit Backpapier ausgelegtes Backblech legen. Die Biscuits im heißen Ofen 10–15 Minuten backen, bis sie leicht goldbraun sind.

4. Inzwischen den Speck in einer Pfanne knusprig braten. Den Speck herausnehmen, das Fett in der Pfanne lassen.

5. Die Eier mit Petersilie, Salz, Pfeffer und 1 Spritzer Tabasco mit einem Schneebesen schaumig rühren. Alles in die Pfanne mit dem heißen Fett gießen. Bei mittlerer Hitze ein goldgelbes, flockiges Rührei braten.

6. Die Biscuits halbieren, einen großen Löffel Rührei auf die eine Hälfte geben, eine Scheibe Speck darüber legen und die zweite Hälfte des Biscuits als Deckel darauf setzen.

preiswert ✔

vegetarisch

als Snack ✔

für Gäste ✔

für Kids ✔

low fat

schnell

einfach

Für 4 Personen

● Zubereitungszeit:
  ca. 50 Min.
● Backzeit:
  ca. 15 Min.
● ca. 580 kcal je
  Portion

Fried Eggs with Hash Browns

Spiegeleier mit Bratkartoffeln

8 Scheiben Frühstücksspeck (Bacon)
$^1/_2$ Gemüsezwiebel • 4 gekochte, große Kartoffeln
1 TL Worcestersauce • etwas Cayennepfeffer
4 frische Eier
etwas Salz • etwas Pfeffer aus der Mühle

1. Den Frühstücksspeck in einer Pfanne auslassen und knusprig braten. Aus der Pfanne nehmen und warm halten. Das Fett beiseite stellen.

2. Die Gemüsezwiebel schälen und in kleine Würfel schneiden. Die gekochten Kartoffeln pellen und in etwa 1 cm große Würfel schneiden. 3 EL des ausgelassenen Fetts in einer schweren Pfanne erhitzen. Die Zwiebelwürfel dazugeben und glasig anbraten.

3. Die Kartoffeln dazugeben, unter häufigem Rühren in etwa 15 Minuten knusprig braten, mit Worcestersauce und Cayenne-pfeffer abschmecken und bei geringer Hitze weiterbraten, bis die Eier fertig sind.

4. Das restliche Baconfett in einer weiteren Pfanne erhitzen und die aufgeschlagenen Eier dazugeben. Langsam bei niedriger Wärmezufuhr gar braten, bis das Eiweiß fest ist.

5. Die Eier je nach Geschmack mit Salz und Pfeffer würzen und mit den Bratkartoffeln und dem Speck heiß servieren.

Tipp

Das „normale", nur auf einer Seite gebratene Spiegelei heißt in den USA „sunny-side-up". Für ein auf beiden Seiten gebratenes Spiegelei wendet man das Ei vorsichtig mit einem Pfannenwender und brät es etwa 20 Sekunden weiter. Nun heißt es „sunny-side-down" oder „cover-over-lightly".

preiswert ✔
vegetarisch
als Snack
für Gäste
für Kids
low fat
schnell
einfach ✔

Für 4 Personen
● Zubereitungszeit: ca. 40 Min.
● ca. 450 kcal je Portion

Turkey Sandwich with Cranberry Catsup

Truthahnsandwich mit Cranberries-Ketchup

Für 4 Personen

- Zubereitungszeit: ca. 40 Min.
- ca. 500 kcal je Portion

175 g frische Cranberries oder Preiselbeeren

60 g Zucker • 6 EL trockener Rotwein •

1 Zimtstange • 1 EL abgeriebene Schale einer unbehandelten Orange

etwas Salz • etwas Pfeffer aus der Mühle •
1 Prise gemahlener Piment

3–4 TL Öl • 4 dicke Scheiben Truthahnbrust (Putenbrust) • etwas Salz • 1 große Tomate •
1 kleine rote Zwiebel • 4 große Salatblätter (Kopf-, Frisée- oder Radicchiosalat)

8 Scheiben Sandwich-Toastbrot • 3–4 TL Butter •
4 TL Mayonnaise

1. Die Cranberries oder Preiselbeeren waschen und verlesen. In ein Sieb geben und gut abtropfen lassen.

2. Zucker, Rotwein und Zimtstange in einen Topf geben, aufkochen und bei mittlerer Hitze köcheln lassen, bis der Zucker aufgelöst ist. Die Cranberries oder die Preiselbeeren und die Orangenschale hinzufügen.

3. Wenn die Beeren aufgeplatzt sind, alles mit Salz, Pfeffer und Piment abschmecken und offen weiterköcheln lassen, bis das Ketchup auf die gewünschte Konsistenz eingedickt ist. Die Zimtstange entfernen, das Ketchup abkühlen lassen und zur Seite stellen.

4. Inzwischen das Öl in einer Pfanne erhitzen und die Truthahnbrustscheiben von beiden Seiten leicht anbraten, herausnehmen und salzen. Die Tomate waschen und den Stielansatz herausschneiden. Das Fruchtfleisch in dünne Scheiben schneiden. Die Zwiebel schälen und in Ringe schneiden. Die Salatblätter waschen und trockentupfen.

5. Für ein Sandwich je 2 Scheiben Toastbrot leicht toasten. Die eine Scheibe mit Butter, die zweite mit 1 TL Mayonnaise bestreichen. Eine Scheibe Toast mit 1–2 Salatblättern, 1–2 Tomatenscheiben, 1 Scheibe Truthahn, Zwiebelringen und 1 EL des Cranberries-Ketchups belegen. Alles mit der zweiten Toastscheibe bedecken und servieren.

Tipps

Im Original wird Toastbrot aus Roggenmehl verwendet. Wenn Sie dies bekommen können, sollten Sie es unbedingt ausprobieren.

Cranberries werden auch Moosbeeren genannt und sind eng mit der Preiselbeere verwandt. In Deutschland werden sie meist frisch in den Lebensmittelabteilungen der Kaufhäuser angeboten. Ersatzweise kann man Preiselbeeren verwenden.

Falls Sie keine frische Truthahnbrust bekommen sollten, können Sie auch Truthahnaufschnitt verwenden.

Reuben Sandwich
Cornedbeef-Sandwich

¹/₄ Zwiebel • 4 EL Remouladensauce •
1 TL Meerrettich • ¹/₂ TL Worcestersauce •
3 EL Tomatensalsa oder Tomatenketchup
1 Dose Cornedbeef (ca. 340 g) •
1 Dose Sauerkraut (ca. 425 g)
8 Scheiben Roggenbrot • 4 TL Butter •
4 Scheiben Emmentaler oder Gruyère • etwas Salz •
etwas Pfeffer aus der Mühle

1. Das Zwiebelviertel schälen, fein hacken und mit Remouladensauce, Meerrettich, Worcestersauce und Tomatensalsa bzw. -ketchup verrühren.

2. Das Cornedbeef in hauchdünne Scheiben schneiden. Das Sauerkraut gut abtropfen lassen oder auspressen.

3. Dann den Backofen auf 200 °C (Umluft 170 °C; Gas Stufe 3) vorheizen. Für jedes Sandwich 1 Scheibe Brot mit Butter bestrei-chen und großzügig mit Cornedbeef, Sauer-kraut und Käse belegen. Das Ganze mit Salz und Pfeffer würzen. Das Dressing auf dem Sandwich verteilen und die zweite Brotschei-be darauf legen.

4. Jedes Sandwich in Alufolie einwickeln und 15–20 Minuten im heißen Backofen auf mittlerer Schiene backen, bis der Käse ge-schmolzen und das Brot an den Rändern knusprig ist.

Tipp

Diese Sandwich-Kreation gewann 1956 den großen Nationalen Sandwich-Wettbewerb und wird heute in fast jedem amerikanischen Restaurant angebo-ten. Falls Sie das Dressing besonders pikant mögen, können Sie einige Spritzer Tabasco hinzugeben.

---

preiswert ✔

vegetarisch

als Snack ✔

für Gäste

für Kids

low fat ✔

schnell

einfach ✔

Für 4 Personen

● Zubereitungszeit: ca. 50 Min.
● ca. 620 kcal je Portion

Grilled Cheese Sandwich

Käsesandwich

preiswert ✔

vegetarisch ✔

als Snack ✔

für Gäste

für Kids ✔

low fat

schnell ✔

einfach ✔

8 EL Butter • 3 Scheiben Scheiblettenkäse •
8 Scheiben Sandwichtoast

Für 4 Personen
- Zubereitungszeit:
  ca. 15 Min.
- ca. 400 kcal je
  Portion

1. Die Butter in einer Pfanne bei mittlerer
Hitze zerlassen. Jeweils 2 Käsescheiben
zwischen 2 Toastscheiben legen. Die Toastscheiben zusammendrücken und in das
heiße Fett geben.

2. Die Sandwiches unter mehrmaligem
Wenden braten, bis der Käse geschmolzen
und das Brot knusprig ist.

3. Während des Bratens die Sandwiches
mit dem Pfannenheber mehrmals platt
drücken.

Tipps

Sie können natürlich für die Zubereitung des Sandwiches auch andere Käsesorten, wie z. B.
Edamer oder Gouda, verwenden.

Deftiger werden die Sandwiches, wenn Sie je
2 Scheiben Frühstücksspeck ausbraten und zum
Käse zwischen die Toastscheiben geben.

Eine andere vegetarische Alternative ist, wenn Sie
dünne Tomatenscheiben oder Champignons zwischen die Toastscheiben leben.

Blue-Cheese-Burger
Roquefortburger

12 Blätter Kopfsalat • 1 große Tomate •
1 Stange Bleichsellerie
4 große, runde Sesambrötchen • 3 EL Butter •
160 g Roquefort
4 Tournedos vom Rind à ca. 100 g • 2 EL Öl •
etwas Salz • etwas Pfeffer aus der Mühle
4 EL Mayonnaise

1. Die Salatblätter waschen und trocken-tupfen. Die Tomate waschen, den Stielansatz entfernen und das Fruchtfleisch in Scheiben schneiden. Den Sellerie waschen, putzen und in fingerlange, dünne Streifen schneiden.

2. Dann den Backofen auf 180 °C (Umluft 150 °C; Gas Stufe 2–3) vorheizen. Die Sesambrötchen halbieren, die Hälften hauch-dünn mit insgesamt etwa 1 EL Butter bestrei-chen. Den Roquefort zerbröseln und die Bröt-chenhälften damit bestreuen. Die Brötchen im heißen Backofen auf der mittleren Schiene backen, bis der Käse geschmolzen ist.

3. Inzwischen die Tournedos waschen und trockentupfen. Das Öl in einer schweren Pfanne stark erhitzen. Die Tournedos von jeder Seite etwa 1 Minute scharf anbraten, dann die Hitze reduzieren und 1 Minute wei-terbraten. Die restlichen 2 EL Butter in die Pfanne geben und das Fleisch bei niedriger bis mittlerer Hitze noch etwa 3 Minuten je Seite weiterbraten. Salzen und pfeffern.

4. Die Brötchenhälften aus dem Ofen neh-men und etwas abkühlen lassen. Die unteren Hälften mit den Tomatenscheiben belegen und diese mit der Mayonnaise bestreichen. Die Salatblätter, die Selleriestreifen und je 1 Tournedo darauf geben. Das Ganze mit den oberen Brötchenhälften abdecken und die Burger etwas zusammenpressen.

preiswert

vegetarisch

als Snack ✔

für Gäste ✔

für Kids

low fat

schnell

einfach ✔

Für 4 Personen
- Zubereitungszeit: ca. 1 Std.
- ca. 700 kcal je Portion

Hot Pastrami and Cheese Submarine

Pastrami-Käse-Baguette

4 kleine, dünne Baguettes (ca. 20 cm lang) •
2–3 EL Butter • 4 TL Mayonnaise
200 g Pastrami • 100 g Emmentaler oder Gruyère •
etwas Salz • etwas Pfeffer aus der Mühle

1. Zuerst den Backofen auf 180 °C (Umluft 150 °C; Gas Stufe 2–3) vorheizen. Die Baguettes jeweils quer einschneiden, auseinander klappen und die Innenflächen dünn mit Butter und Mayonnaise bestreichen.

2. Die Pastrami in hauchdünne Scheiben schneiden und die Baguettes damit belegen. Den Käse in dünne Streifen schneiden, auf die Wurst geben, alles mit Salz sowie Pfeffer würzen. Die Baguettes im Backofen so lange backen, bis der Käse gerade geschmolzen ist.

3. Die Baguettehälften fest zusammenpressen und das Ganze sofort heiß servieren.

Tipp

Anstelle von Pastrami können Sie auch Bündner Fleisch oder Rinderschinken verwenden.

Eine preiswerte und bei Kindern beliebte Alternative ist, statt der Pastrami 4 Kochwürstchen zu verwenden. Diese halbieren Sie längs und legen die 2 Hälften aufs Baguette. Wenn die Baguettes aus dem Ofen kommen und bevor sie zusammengeklappt werden, verteilen Sie noch je 1 EL Tomatenketchup auf den Käse.

preiswert

vegetarisch

als Snack ✔

für Gäste ✔

für Kids

low fat

schnell ✔

einfach ✔

Für 4 Personen

● Zubereitungszeit: ca. 30 Min
● ca. 450 kcal je Portion

Corn Soufflé

Maissoufflé

Für 4 Personen

- Zubereitungszeit: ca. 30 Min.
- Backzeit: ca. 30 Min.
- ca. 400 kcal je Portion

2 EL weiche Butter • 2 EL geriebener Parmesan
2 Frühlingszwiebeln • 1 EL Butter •
1 Knoblauchzehe
$1/2$ l Milch • 100 g grober Maisgrieß
4 frische Eigelbe • 75 g geriebener Cheddar •
2 EL geriebener Parmesan • etwas Salz •
etwas schwarzer Pfeffer aus der Mühle •
einige Tropfen Tabasco
4 frische Eiweiße

1. Eine Souffléform mit der weichen Butter einfetten und mit dem Parmesan ausstreuen. Die Form kalt stellen. Den Backofen auf 200 °C (Umluft 170 °C; Gas Stufe 3) vorheizen.

2. Die Frühlingszwiebeln waschen, putzen und in feine Ringe schneiden. Die Butter in einem Topf schmelzen lassen, die Frühlingszwiebeln darin kurz anschwitzen. Den Knoblauch schälen, durch die Presse drücken und dazugeben.

3. Die Milch in den Topf gießen und aufkochen lassen. Den Maisgrieß unter ständigem Rühren dazugeben. Die Masse bei schwacher Hitze etwa 5 Minuten sämig einkochen lassen.

4. Die Maismasse in eine Schüssel geben. Die Eigelbe einzeln darunter rühren. Den Cheddar und den Parmesan dazugeben und in der Masse schmelzen lassen. Das Ganze mit Salz, Pfeffer und Tabasco abschmecken.

5. Die Eiweiße zu steifem Schnee schlagen. Den Schnee locker unter die Maismasse heben und das Ganze sofort in die vorbereitete Form umfüllen. Das Corn Soufflé im Ofen auf der zweiten Schiene von unten etwa 30 Minuten und anschließend sofort servieren.

Tipps

Servieren Sie das Soufflé als Vorspeise.

In kleinen Förmchen gebacken, begleitet von einem knackigen grünen Salat, eignet es sich auch als leichtes Hauptgericht. Wird das Soufflé in Förmchen gebacken, verkürzt sich allerdings die Backzeit auf 20 Minuten.

Variationen

Im Landesinneren der U.S.A. werden auch gerne 2–3 Scheiben Putenaufschnitt in kleine Würfel geschnitten unter die Soufflémasse gehoben.

In Kalifornien legt man den Boden der Souffléform óft mit gepalten und vorgegarten Krabben aus.

Succotash Soup

Mais-Bohnen-Suppe

4 Kolben frischer Zuckermais

1 mittelgroße Zwiebel • ¹/₂ Stange Bleichsellerie •
4 EL Butter

400 g frische Limabohnen

¹/₂ l Gemüsebrühe • ¹/₂ TL getr. Majoran •1 Prise
Muskatnuss • ¹/₂ TL Tabasco • 125 ml Milch • 100 g
Sahne • etwas Salz • etwas Pfeffer aus der Mühle

2–3 Zweige Petersilie oder frisches Bohnenkraut
zum Garnieren

preiswert

vegetarisch ✔

als Snack

für Gäste ✔

für Kids

low fat

schnell

einfach

Für 4 Personen

● Zubereitungszeit:
  ca. 1 Std.
● ca. 620 kcal je
  Portion

1. Die Maiskolben etwa 5 Minuten in kochendem Wasser blanchieren. Die Maiskolben herausnehmen und die Körner von den Kolben lösen. Beiseite stellen.

2. Die Zwiebel schälen, den Sellerie waschen und putzen. Beides in kleine Würfel schneiden. Die Butter in einem Topf bei mittlerer Hitze zerlassen und das Gemüse darin in etwa 7 Minuten glasig dünsten.

3. Die Bohnen waschen, in den Topf geben und alles weitere 5 Minuten schmoren lassen. Die Maiskörner hinzufügen und das Ganze 2 Minuten schmoren lassen.

4. Die Hälfte des Topfinhaltes mit einer Schöpfkelle herausnehmen und mit einem Mixstab pürieren. Das Gemüsepüree wieder in den Topf geben.

5. Hühnerbrühe, Majoran, Muskat und Tabasco in die Suppe geben und alles etwa 10 Minuten zugedeckt köcheln lassen. Die Hitze reduzieren und Milch und Sahne dazugeben. Alles bei schwacher Hitze weitere 5 Minuten ohne Deckel köcheln lassen. Mit Salz und Pfeffer abschmecken.

6. Die Suppe in vorgewärmte Teller geben. Petersilie bzw. Bohnenkraut waschen, trockentupfen, die Blättchen von den Zweigen zupfen und damit die Suppe garnieren.

Green Turkey Salad

Rucola-Truthahn-Salat

preiswert

vegetarisch

als Snack

für Gäste ✓

für Kids

low fat ✓

schnell

einfach ✓

4 Schalotten • 4 TL Dijonsenf • 4 EL Balsamessig •
$^1/_8$ l Olivenöl

500 g Truthahnbrustfilet (Putenbrustfilet)

etwas Salz • etwas schwarzer Pfeffer aus der Mühle

1 Kopf Lollo rosso • 400 g Rucola (Rauke)

2 Tomaten • $^1/_3$ Bund Basilikum

1. Für die Marinade die Schalotten schälen, fein hacken und mit dem Senf und dem Essig in einer kleinen Schüssel verrühren. Nach und nach das Olivenöl darunter rühren.

2. Das Filet kalt abspülen, trockentupfen und in eine Schale geben. Das Fleisch von allen Seiten mit der Hälfte der Marinade überziehen und 2 Stunden marinieren.

3. Den Grill vorheizen. Das Truthahnbrustfilet aus der Marinade nehmen, mit Salz und Pfeffer würzen und unter dem Grill in etwa 15 Minuten garen. Das Fleisch dabei gelegentlich wenden.

4. Inzwischen den Lollo rosso und den Rucola putzen, waschen und gut abtropfen lassen. Die Salatblätter in mundgerechte Stücke zupfen. Dabei vom Lollo rosso feste Blattrippen und Strunkansätze entfernen.

5. Tomaten waschen, Stielansätze entfernen, trockenreiben und in schmale Spalten schneiden. Das Basilikum kalt abspülen, trockentupfen, die Blätter von den Stielen zupfen und fein hacken.

6. Das Fleisch in feine Streifen schneiden und mit den Blattsalaten und den Tomaten in einer Schüssel vermengen.

7. Die restliche Vinaigrette mit dem Basilikum verrühren, über den Salat träufeln und ganz vorsichtig darunter mengen.

Für 4 Personen

- Zubereitungszeit: ca. 45 Min.
- Marinierzeit: ca. 2 Std.
- ca. 250 kcal je Portion

Harvester's Soup

Deftige Kohlsuppe mit Apfel

Für 4 Personen

- Zubereitungszeit: ca. 1 ½ Std.
- ca. 240 kcal je Portion

1 kleine Knoblauchwurst à ca. 100 g (z. B. Chorizo) • 400 g Weißkohl

1 l Hühnerbrühe (Instant) • 2 TL Olivenöl

2 TL Salz • 1 TL schwarzer Pfeffer aus der Mühle

1 Apfel (Golden Delicious oder Braeburn)

1. Die Knoblauchwurst in Würfel schneiden. Den Weißkohl waschen, die äußeren Blätter entfernen, den Kopf halbieren, den Strunk herausschneiden und den Kohl hobeln oder mit einem Messer in dünne Streifen schneiden.

2. Die Hühnerbrühe in einem Topf erhitzen. Das Öl in einem zweiten großen Topf erhitzen. Die Wurstwürfel dazugeben und anbraten. Die Weißkohlstreifen hinzufügen und alles etwa 3 Minuten weiterbraten.

3. Die heiße Hühnerbrühe in den Topf mit der Wurst und dem Kohl gießen und das Ganze mit Salz und Pfeffer würzen. Die Suppe zugedeckt etwa 1 Stunde bei kleiner Hitze köcheln lassen.

4. Kurz vor dem Ende der Kochzeit den Apfel schälen, vierteln, entkernen und grob raspeln. Den Apfel in die Suppe einrühren und diese sofort servieren.

Tipps

Wenn Sie eine Küchenmaschine besitzen, können Sie viel Zeit sparen, indem Sie den Weißkohl in Stücke schneiden und dann mit dem Schneidwerk hobeln.

Als Topping können Sie auch angedünstete, rote Zwiebelringe auf die Suppe geben.

Sautéed Squash with Basil and Mint
Kürbissalat

preiswert ✔

vegetarisch ✔

als Snack

für Gäste ✔

für Kids

low fat

schnell

einfach

ca. 800 g Kürbis •
4 kleine Zucchini • 1 große Schalotte
100 ml Olivenöl
6 EL Basilikumblätter • 3 EL Minzeblätter
3 Knoblauchzehen • etwas Salz • etwas schwarzer
Pfeffer aus der Mühle • 3 TL Balsamessig

1. Den Kürbis schälen, entkernen und das Fruchtfleisch in mundgerechte Scheiben schneiden. Die Zucchini waschen, putzen und in etwa $\frac{1}{2}$ cm dicke Scheiben schneiden. Die Schalotte schälen und in Ringe schneiden.

2. Etwas Olivenöl in einer großen Pfanne erhitzen. Zucchini- und Kürbisscheiben darin portionsweise goldbraun braten. Bei Bedarf immer wieder Öl nachgießen.

3. Basilikum- und Minzeblätter waschen und trockentupfen. Die Zucchini- und die Kürbisscheiben mit den Kräutern und den Schalottenringen auf einer Servierplatte anrichten.

4. Den Knoblauch schälen, durch eine Knoblauchpresse drücken und mit Salz, Pfeffer und dem Essig verrühren. Diese Mischung über die Gemüsescheiben verteilen. Die Servierplatte mit Frischhaltefolie bedecken und alles mindestens 1 Stunde durchziehen lassen. Wenn Sie den Salat im Kühlfach aufbewahren, müssen Sie ihn vor dem Servieren rechtzeitig herausnehmen, damit er Zimmertemperatur erreicht.

Tipp

Je länger der Salat durchzieht, desto aromatischer wird er.

Wenn Sie die Gelegenheit haben und mal ganz kleine Gemüsekürbisse bekommen, sollten Sie zugreifen. Diese brauchen Sie nicht zu schälen, da die Schale sehr dünn ist.

Für 4 Personen
- Zubereitungszeit: ca. 1 Std.
- Ruhezeit: ca. 1 Std.
- ca. 250 kcal je Portion

Summer Salad with Thousand-Island-Dressing

Sommersalat mit Thousand-Island-Dressing

½ Kopf Radicchio • 100 g Feldsalat • ¼ Kopf Eisbergsalat • 50 g Rucola (Rauke) • 2 Fleischtomaten
½ Bund Radieschen •
je 1 rote und grüne Paprikaschote
1 kleine Zwiebel • 2 frische Eier • 1 Fleischtomate
6 EL Erdnussöl • 1 TL Salz • 1 TL weißer Pfeffer
aus der Mühle • 1 Prise Cayennepfeffer •
100 ml Tomatensalsa

preiswert

vegetarisch ✔

als Snack

für Gäste ✔

für Kids

low fat

schnell

einfach

Für 4 Personen

● Zubereitungszeit:
  ca. 1 Std.
● ca. 510 kcal je
  Portion

1. Die Salatsorten waschen, putzen, trockenschleudern und in kleine Stücke zupfen. Die Tomaten waschen, Stielansätze entfernen und das Fruchtfleisch würfeln.

2. Von den Radieschen Blätter und Wurzeln entfernen und die Radieschen in dünne Scheiben schneiden. Paprika waschen, halbieren. Stiele, Kerne und weiße Trennwände entfernen. Das Fruchtfleisch in dünne Streifen schneiden. Die Salatzutaten kühl stellen.

3. Die Zwiebel schälen und fein würfeln. 1 Ei hart kochen, abschrecken, schälen und vierteln. Die Tomate enthäuten, vierteln, entkernen und grob würfeln.

4. In einem Mixer das restliche (rohe) Ei mit den Zwiebelwürfeln pürieren. Bei laufender Maschine das Öl langsam dazugießen. Tomatenwürfel, hart gekochtes Ei, Salz, weißer Pfeffer und Cayennepfeffer dazugeben und alles glatt pürieren. In eine Schüssel geben und die Salsa hineinrühren.

5. Die Salatzutaten mischen und auf Teller verteilen. Das Dressing darüber träufeln.

Green Salad with Sweet-Sour-Bacon-Dressing

Grüner Salat mit süßsaurem Speckdressing

½ Kopf Friséesalat • ¼ Kopf Eisbergsalat •
50 g junger Löwenzahn oder Rucola (Rauke) •
100 g frischer junger Spinat
6 Frühlingszwiebeln • 1 großes, frisches Ei •
½ TL Senfpulver • 4 EL Zucker • 4 EL Apfelessig •
1 TL schwarzer Pfeffer aus der Mühle
6 Scheiben Frühstücksspeck (Bacon)

1. Die Salatsorten, den Löwenzahn und den Spinat waschen, putzen, verlesen und trockentupfen. Die Salate dann in mundgerechte Stücke zupfen und das Ganze in einer großen, mit Frischhaltefolie bedeckten Schüssel kalt stellen.

2. Für das Dressing die Frühlingszwiebeln waschen, putzen und in dünne Scheiben schneiden, dabei auch ein wenig von dem grünen Strunk mitverwenden. Das Ei mit

Senfpulver, Zucker, 4 EL Wasser, Essig und Pfeffer gut verrühren.

3. Den Speck in einer Pfanne bei mittlerer Hitze knusprig braten. Das Fett in der Pfanne lassen. Den Speck auf Küchenkrepp abtropfen lassen und zerbröseln.

4. Die Frühlingszwiebeln in das heiße Fett geben und unter ständigem Rühren etwa 1 Minute andünsten.

5. Die Hitze stark reduzieren. Die Eimischung dazugeben und etwa 4 Minuten weiterrühren, bis alles heiß und cremig ist. Die Sauce von der Hitze nehmen und abkühlen lassen, bis sie lauwarm ist.

6. Das Dressing mit dem Salat mischen. Zuletzt den Salat mit dem zerbröselten Speck (*bacon bits*) bestreuen.

preiswert

vegetarisch

als Snack

für Gäste ✔

für Kids

low fat ✔

schnell

einfach

Für 4 Personen
● Zubereitungszeit: ca. 1 Std.
● ca. 210 kcal je Portion

Cool Avocado Soup

Gekühlte Avocadosuppe

Für 4 Personen

- Zubereitungszeit: ca. 45 Min.
- Kühlzeit: ca. 3 Std.
- ca. 160 kcal je Portion

1 Möhre • 1 Zwiebel • 1 Tomate • 1 Zweig Petersilie • 1 Knoblauchzehe

1 Lorbeerblatt • 1 TL schwarze Pfefferkörner

2 reife Avocados

3–4 EL Weißweinessig • einige Tropfen Tabasco • etwas Salz • etwas schwarzer Pfeffer aus der Mühle • etwas frisches Koriandergrün

1. Die Möhre und die Zwiebel schälen. Die Tomate halbieren und entkernen. Das Gemüse fein würfeln. Die Petersilie waschen, trockentupfen und fein hacken. Den Knoblauch schälen und vierteln.

2. Das Gemüse, die Petersilie, den Knoblauch, das Lorbeerblatt und die Pfefferkörner mit ³/₄ l Wasser in einen Topf geben. Das Wasser aufkochen und das Ganze halb zugedeckt bei schwacher Hitze etwa 30 Minuten köcheln lassen.

3. Die Gemüsebrühe durch ein feines Sieb abgießen und mindestens 3 Stunden kalt stellen.

4. Wenn die Gemüsebrühe gekühlt ist, die Avocados halbieren und entsteinen. Das Fruchtfleisch aus der Schale lösen und es dann sofort mit einem Teil der Gemüsebrühe pürieren.

5. Das Püree mit der übrigen Gemüsebrühe verrühren und die Mischung mit Essig, Tabasco, Salz und Pfeffer abschmecken. Das Koriandergrün waschen, zerzupfen und auf die Suppe streuen.

Tipps

Beträufeln Sie das Avocadofleisch mit etwas Zitronensaft oder Essig, ansonsten wird es schnell braun.

Sie können die Suppe auch mit gekörnter Brühe zubereiten. Achten Sie beim Einkauf darauf, dass sie sich kalt anrühren lässt. Dann ersparen Sie sich das Abkühlen der Suppe.

Waldorf Salad

Waldorfsalat

1 frisches Eigelb • 3 EL Zitronensaft • $1/8$ l Öl •
3–4 EL Sahne • etwas Salz •
etwas schwarzer Pfeffer aus der Mühle
3 Stangen Sellerie • 50 g Walnusskerne
3 Äpfel (Braeburn oder Granny Smith)

1. Das Eigelb mit 1 EL Zitronensaft in einer
hohen Schüssel verrühren. Das Öl zuerst
tropfenweise, dann im dünnen Strahl unter
kräftigem Rühren dazugießen, bis eine cremige Mayonnaise entstanden ist. Die Sahne
darunter rühren und die Mayonnaise mit Salz
und Pfeffer abschmecken.

2. Den Sellerie waschen und die harten
Fasern abziehen. Das Grün zum Garnieren
beiseite legen. Den Sellerie in dünne Scheiben schneiden. Die Walnusskerne grob
hacken.

3. Die Äpfel waschen und abtrocknen,
nach Belieben auch schälen. Die Früchte

entkernen und in 1–2 cm große Würfel
schneiden. Anschließend die Apfelwürfel
sofort mit dem restlichen Zitronensaft beträufeln.

4. Den Sellerie, die Walnusskerne und die
Apfelwürfel mit der Mayonnaise vermengen
und alles herzhaft abschmecken. Den Salat
mit dem Selleriegrün garniert servieren.

Tipp

An heißen Sommertagen sollten Sie lieber auf das
Selbermachen der Mayonnaise verzichten, denn es
können schnell Salmonellen in großer Menge
entstehen, die den Salat verderben – ohne dass Sie
dies schmecken.

preiswert ✔
vegetarisch ✔
als Snack
für Gäste ✔
für Kids
low fat
schnell ✔
einfach

Für 4 Personen

● Zubereitungszeit:
  ca. 30 Min.
● ca. 460 kcal je
  Portion

Baked Potato Rinds
Gebackene Kartoffelschalen

Für 4 Personen

- Zubereitungszeit: ca. 45 Min.
- Backzeit: ca. 10 Min.
- ca. 360 kcal je Portion

750 g kleine, neue fest kochende Kartoffeln •
etwas Salz

1 Bund Frühlingszwiebeln • 2 EL Olivenöl •
etwas schwarzer Pfeffer aus der Mühle •
$1/4$ TL getr. Thymian

100 g Cheddar (Schnittkäse) •
2 EL Crème fraîche

1. Die Kartoffeln waschen, gründlich abbürsten und in wenig Salzwasser etwa 15 Minuten kochen, bis sie gerade gar sind.

2. Inzwischen die Frühlingszwiebeln waschen, putzen und in sehr feine Ringe schneiden. Das Öl in einer Pfanne leicht erhitzen. Die Frühlingszwiebeln hineingeben und mit Salz, Pfeffer und Thymian würzen. Die Zwiebeln bei schwacher Hitze etwa 5 Minuten unter Rühren garen und dann in eine Schüssel füllen.

3. Den Cheddar raspeln und mit der Crème fraîche unter die Frühlingszwiebeln rühren.

4. Dann den Backofen auf 225 °C (Umluft 200 °C; Gas Stufe 4) vorheizen. Die Kartoffeln abgießen, etwas abkühlen lassen und halbieren. Die Hälften mit einem Teelöffel ein wenig aushöhlen und salzen. Die Frühlings-

zwiebel-Käse-Mischung in die Hälften geben und diese dicht nebeneinander in eine Gratinform setzen, damit sie nicht umfallen.

5. Die Form in den Ofen auf die mittlere Schiene stellen und die Kartoffeln etwa 10 Minuten gratinieren.

Tipps

Anstatt des Cheddars können Sie auch einen anderen Schnittkäse, z. B. einen jungen Gouda oder Butterkäse, verwenden.

Variationen

Sie können die rohen Kartoffeln auch ohne Vorkochen in den Backofen geben, als Hälften mit der Schnittstelle auf ein geöltes Blech legen und etwa 20 Minuten backen. Dann nehmen Sie das Blech aus dem Ofen. Bestreichen Sie die Kartoffelhälften mit der Käsemasse und überbacken Sie das Ganze etwa 10 Minuten. Es reicht dann die Hälfte der Käsemasse.

Wenn es ganz schnell gehen soll, streuen Sie einfach geriebenen Käse über die vorgebackenen Kartoffelhälften.

Buffalo Style Chicken Wings
Würzige Hähnchenflügel

preiswert ✔

vegetarisch

als Snack

für Gäste

für Kids ✔

low fat

schnell

einfach ✔

Für 4 Personen

● Zubereitungszeit: ca. 1 ¼ Std.
● ca. 820 kcal je Portion

½ kleine Zwiebel • 1 Knoblauchzehe •
75 g Roquefort
1 EL gehackte Petersilie • 4 EL Mayonnaise •
4 EL Crème fraîche • 1 EL Zitronensaft • 1 EL Apfelessig • etwas Salz • etwas Pfeffer aus der Mühle
24 Hähnchenflügel • Öl zum Frittieren
4 EL Butter • 200 ml Barbecuesauce
6 Stangen Bleichsellerie

1. Die Zwiebel schälen und in feine Würfel schneiden. Den Knoblauch schälen und durch eine Knoblauchpresse drücken. Den Roquefort mit einer Gabel zerdrücken.

2. Zwiebel, Knoblauch und Käse mit Petersilie, Mayonnaise, Crème fraîche, Zitronensaft, Essig, Salz und Pfeffer verrühren. Das Dressing kühl stellen.

3. Die Hähnchenflügel waschen und trockentupfen. Die Flügelspitzen mit einer Geflügelschere entfernen und die Hähnchenflügel am Gelenk halbieren. Das Öl etwa 3 cm hoch in eine hohe Pfanne geben und bei mittlerer Wärmezufuhr erhitzen. Die Hähnchenflügel im heißen Öl knusprig frittieren, bis sie goldbraun sind. Die Flügel auf Küchenkrepp abtropfen lassen.

4. Die Butter mit der Barbecuesauce bei mittlerer Hitze in einem Topf erwärmen. Die Hähnchenflügel in die Sauce geben und alles einige Minuten köcheln lassen.

5. Die Selleriestangen waschen, putzen und in dünne, fingerlange Streifen schneiden. Die heißen Hähnchenflügel mit den Sellerie-streifen und dem Roquefortdressing servieren.

Tipps

Diese in Amerika äußerst beliebte Vorspeise wurde erst in den 60-Jahren im Restaurant „Anchor Bar & Grill" in Buffalo, New York, kreiert.

Es gibt mittlerweile auch bei uns viele verschiedene Barbecuesaucen zu kaufen. Wenn Sie es scharf mögen, kaufen Sie eine, die einen hohen Anteil an Chili oder Tabasco hat. Falls Sie eine rauchige Note bevorzugen, kaufen Sie eine Sauce mit Hickory-Räucher-Salz als Zutat.

Chicken Wings dürfen mit der Hand gegessen werden. Stellen Sie ausreichend Servietten und Wasserschalen mit etwas Zitronensaft auf den Tisch, damit sich alle problemlos die Hände säubern können.

Variation

Dieser Snack lässt sich auch zusammen mit den gebackenen Kartoffelschalen oder einer der Variationen auf S. 30 zu einem üppigen Hauptgericht ausbauen.

Chicken with Oven-dried Tomatoes

Hähnchenbrust mit getrockneten Tomaten

Für 4 Personen

- Zubereitungszeit: ca. 1 ¼ Std.
- Trockenzeit: ca. 3 Std.
- ca. 510 kcal je Portion

3 große Fleischtomaten • 1 TL grobes Meersalz •
1 TL weißer Pfeffer aus der Mühle • 1 TL Zucker •
½ TL Thymianblättchen

800 g Hähnchenbrustfilets • etwas Salz •
etwas schwarzer Pfeffer aus der Mühle

3 EL Butter

2 Schalotten • 120 ml trockener Weißwein •
100 g Crème fraîche • 2 Msp. getr. Majoran

1. Den Backofen auf 75 °C (Umluft 50 °C; Gas Stufe 1) vorheizen. Die Tomaten waschen, halbieren, die Stielansätze herausschneiden und das Fruchtfleisch in dicke Scheiben schneiden. Diese auf ein mit Backpapier ausgelegtes Backblech legen, mit Salz, Pfeffer, Zucker und Thymian würzen und im heißen Ofen auf der mittleren Schiene etwa 3 Stunden trocknen.

2. Danach die Hähnchenbrustfilets waschen und trockentupfen Jedes Filet quer zur Faser in 5 oder 6 Streifen schneiden. Die Streifen mit Salz und Pfeffer würzen.

3. Den Ofen auf 180 °C (Umluft 150 °C; Gas Stufe 2–3) vorheizen. Die Butter in einer Pfanne erhitzen. Die Hähnchenbruststreifen darin unter ständigem Rühren 4–5 Minuten anbraten, bis sie außen weiß und fest und innen noch etwas glasig sind. Das Fleisch aus der Pfanne nehmen und zugedeckt im Ofen warm stellen.

4. Die Schalotten schälen, fein würfeln und in dem Fett etwa 1 Minute anbraten, bis sie glasig sind. Die Schalotten mit dem Weißwein ablöschen, alles aufkochen lassen und die Crème fraîche, den Majoran und die Tomatenstücke hinzufügen. Das Ganze etwa 5 Minuten bei mittlerer Hitze etwas einkochen lassen.

5. Die Hähnchenstückchen in die Pfanne geben und alles 3–4 Minuten unter gelegentlichem Rühren köcheln lassen.

Tipps

Wenn Sie keine Zeit haben, die Tomaten selber im Ofen zu trocknen, können Sie auch getrocknete Tomaten in einem guten Fachgeschäft für italienische Zutaten kaufen.

Mit etwas Tomatenmark können Sie das Ganze zum Schluss abschmecken und mit frisch gehackten Majoran bestreuen. So schmeckt das Gericht noch intensiver.

Reichen zu hierzu Reis. Pro Person brauchen Sie etwa 50 g. Wenn Sie ihn in Hühnerbrühe garen, passt er besonders gut zu diesem Gericht.

preiswert

vegetarisch

als Snack

für Gäste ✔

für Kids

low fat

schnell

einfach ✔

Barbecued Spareribs
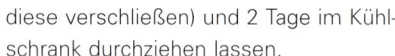

Gegrillte Schweinerippen

Für 4 Personen
- Zubereitungszeit: ca. 2 Std.
- Marinierzeit: ca. 2 Tage
- ca. 500 kcal je Portion

2 kg Spareribs (Schweinerippen) •
¹/₂ l Barbecuesauce (Fertigprodukt)
4 Hand voll Holzschnitze (Eiche oder Nussbaum)

1. Die Spareribs waschen und trocken-tupfen. Die Barbecuesauce auf die Spareribs streichen, das Ganze in Frischhaltefolie ein-wickeln (oder in eine Plastiktüte geben und diese verschließen) und 2 Tage im Kühl-schrank durchziehen lassen.

2. Am Grilltag zunächst die Holzschnitze in Wasser einweichen. Den Grill mit Holzkohle anheizen und die Kohle zur Weißglut verglim-men lassen.

3. Inzwischen die Barbecuesauce von den Spareribs abtropfen lassen und beiseite-stellen. Kurz vor dem Grillen ein Viertel der gewässerten Holzschnitze auf der Glut ver-teilen, sodass ein gleichmäßiger Rauch ent-steht.

4. Die Spareribs etwa 20 cm über der Glut auf den Rost legen und etwa 10 Minuten von jeder Seite grillen. Wenn beide Seiten leicht angebraten sind, die Spareribs mit etwas Barbecuesauce bepinseln. Sollte sich die Glut durch heruntertropfendes Fett entzün-den, löscht man die Flammen sofort mit ei-nem Wassersprüher. Die Flammen dürfen das Fleisch nicht berühren.

5. Die Spareribs unter häufigem Wenden und Bepinseln noch 1 Stunde grillen. Dabei immer wieder feuchte Holzschnitze in die Glut geben. Wenn die Spareribs knusprig sind und sich die Sauce mit dem Fleisch ver-bunden hat, sind die Spareribs fertig.

Tipp

Dazu passen Maiskolben und Ofenkartoffeln.

Quesadillas with Spicy Guacamole.

Käsetortillas mit scharfer Guacamole

1 große oder 2–4 kleine getr. Chilischoten •
1–2 Knoblauchzehen

2 Avocados

$1/2$–1 TL Salz • 2 EL Zitronensaft

250 g Mozzarella

4 Weizentortillas (Fertigprodukt)

1. Die Chilischoten längs aufschlitzen, entkernen und waschen. Wenn man nicht mit Haushaltshandschuhen arbeitet, danach sofort die Hände waschen. Knoblauch schälen und beides in grobe Stücke schneiden.

2. Avocados längs halbieren, die Hälften voneinander lösen, die Steine herausnehmen. Das Fruchtfleisch aus den Schalen löffeln.

3. Chili, Knoblauch und Avocado mit Salz und Zitronensaft im Blitzhacker zu einem glatten Püree verarbeiten. Beiseite stellen.

4. Eine Pfanne ohne Fett heiß werden lassen. Den Mozzarella klein würfeln.

5. Je 1 Tortilla in die heiße Pfanne geben, ein Viertel des Käses auf einer Hälfte verteilen, die andere Hälfte darüber legen. Eine zweite Tortilla ebenso daneben platzieren.

6. Die Tortillas bei schwacher Hitze braten, bis der Käse geschmolzen ist, dabei einmal wenden. Herausnehmen und in je 3 Stücke schneiden. Die restlichen Tortillas zubereiten.

7. Die Guacamole in Dipschälchen geben und die Tortillas auf einer Platte anrichten.

Für 4 Personen

- Zubereitungszeit:
  ca. 25 Min.
- Ruhezeit:
  ca. 15 Min.
- ca. 620 kcal je
  Portion

Tipp

Eine mildere Sauce erhalten Sie, wenn Sie Chili- und Knoblauchstücke mit 1–2 EL Wasser im Mörser zerdrücken, zum ausgelösten Avocadofleisch geben, alles pürieren und die Masse durch ein feines Sieb passieren, sodass grobe Stücke zurückbleiben. Alles mit Salz und Pfeffer abschmecken.

Chili con Carne
Chili con Carne

1 Gemüsezwiebel • 1 grüne Paprikaschote •
2 Knoblauchzehen

4 EL Baconfett oder Schmalz • 500 g Rinderhack

4 Tomaten • 1 Dose Kidneybohnen (250 g Abtropfgewicht) • 1 kl. Dose Gemüsemais
(140 g Einwaage) • 6 EL Tomatenmark

4 Jalapeño-Chilis

1 TL getr. Basilikum • 1 TL getr. Majoran •
1 TL Cayennepfeffer oder Chilipulver • 1 TL Zucker •
3 TL Rosenpaprikapulver • etwas Salz

preiswert ✓

vegetarisch

als Snack

für Gäste

für Kids

low fat

schnell

einfach ✓

Für 4 Personen

● Zubereitungszeit:
ca. 2 Std.
● ca. 650 kcal je
Portion

1. Die Zwiebel schälen und fein würfeln. Die Paprikaschote waschen, halbieren, die Trennwände, den Stielansatz und die Kerne entfernen und das Fruchtfleisch würfeln. Die Knoblauchzehen schälen und fein hacken.

2. Das Fett in einer Kasserolle sehr heiß werden lassen. Das Fleisch darin scharf anbraten, bis es grau und krümelig ist. Das zerkleinerte Gemüse dazugeben und alles braten, bis das Fleisch leicht gebräunt ist.

3. Tomaten waschen, schälen und das Fruchtfleisch klein schneiden. Bohnen in ein Sieb geben, abspülen und abtropfen lassen. Mit Mais, der Flüssigkeit aus der Maisdose, Tomatenmark, Tomaten und etwas Wasser zum Fleisch geben. Bei mittlerer Hitze zugedeckt etwa 20 Minuten schmoren lassen.

4. Chilischoten waschen, Stielansätze entfernen, Schoten aufschneiden und Trennwände sowie Kerne entfernen. Die Schoten mit der Haut nach unten in einer ungefetteten Pfanne rösten, bis die Haut aufplatzt. Die Haut entfernen, das Fruchtfleisch fein würfeln.

5. Die Jalapeño-Würfel mit den restlichen Gewürzen in die Kasserolle geben. Unter Rühren etwa 10 Minuten offen weiter köcheln lassen. Mit Salz abschmecken, heiß servieren.

Grilled T-Bone-Steak

Gegrilltes T-Bone-Steak

2 T-Bone-Steaks à 700 g (ca. 4 cm dick) oder
1 Porterhouse-Steak à 1200 g (ca. 5 cm dick)
1 Knoblauchzehe • 3 EL Erdnussöl •
2 TL weißer Pfeffer aus der Mühle

1. Die Steaks waschen und trockentupfen. Die Fettränder bis auf 5 mm abschneiden und die verbleibende Fettschicht etwa alle 2 cm einschneiden. Dabei nicht ins Fleisch schneiden!

2. Die Knoblauchzehe schälen, halbieren und durch eine Knoblauchpresse drücken. Das Fleisch mit dem Knoblauch einreiben. Öl und Pfeffer mischen und die Steaks damit bestreichen. Das Fleisch etwa 1 Stunde zugedeckt im Kühlschrank ruhen lassen.

3. Inzwischen den Grill mit Holzkohle anheizen. Sobald die Glut weiß mit Asche überzogen ist, den Grillrost mit Öl bepinseln. Die Steaks nah über den Kohlen etwa 1 Minute auf jeder Seite scharf anbraten, dann den Rost höher setzen.

4. Für Steaks, die innen noch blutig (*rare*) sein sollen, das Fleisch bei mittlerer Hitze etwa 7 Minuten von jeder Seite grillen. Für Steaks, die innen rosa (*medium*) sein sollen, muss man die Grillzeit pro Seite um jeweils 2 Minuten verlängern. Beim Porterhouse-Steak verlängert sich die Grillzeit gegenüber dem T-Bone-Steak im Allgemeinen um 1–2 Minuten.

5. Vor dem Servieren die Steaks einige Minuten zugedeckt ruhen lassen und anschließend salzen. Das Fleisch von den Knochen lösen, quer zur Faser in Streifen schneiden und auf vorgewärmten Tellern zusammen mit Ofenkartoffeln und Sauercrème servieren.

preiswert ✔
vegetarisch ✔
als Snack
für Gäste ✔
für Kids
low fat ✔
schnell ✔
einfach ✔

Für 4 Personen
- Zubereitungszeit: ca. 30 Min.
- Marinierzeit: ca. 1 Std.
- ca. 560 kcal je Portion

Macaroni & Cheese

Makkaroni-Käse-Auflauf

preiswert ✔

vegetarisch ✔

als Snack

für Gäste

für Kids ✔

low fat

schnell ✔

einfach ✔

Für 4 Personen

● Zubereitungszeit: ca. 30 Min.
● Backzeit: ca. 30 Min.
● ca. 660 kcal je Portion

etwas Salz • 300 g kurze Makkaroni
1 Zwiebel • 5 EL Butter • 3 EL Mehl • 400 ml Milch •
etwas schwarzer Pfeffer aus der Mühle
200 g grob geriebener Cheddar
4 EL Semmelbrösel

1. Reichlich Salzwasser in einem großen Topf aufkochen. Die Nudeln hineingeben und nach der Packungsbeschreibung nur knapp bissfest garen.

2. Dann den Backofen auf 200 °C (Umluft 170 °C; Gas Stufe 3) vorheizen. Die Zwiebel schälen und fein würfeln. 3 EL Butter in einem Topf schmelzen lassen. Die Zwiebelwürfel hineingeben und glasig werden lassen. Das Mehl dazugeben und goldgelb anschwitzen, dann unter ständigem Rühren nach und nach die Milch dazugießen. Die Sauce mit Salz sowie Pfeffer würzen und etwa 5 Minuten köcheln lassen.

3. Die Nudeln vorsichtig in ein Sieb abgießen und gut abtropfen lassen. Den Käse (bis auf 3 EL) unter die Béchamelsauce rühren und ihn darin schmelzen lassen. Dann die Makkaroni unter die Käsesauce mengen.

4. Die Nudelmischung in eine breite Auflaufform umfüllen. Die Semmelbrösel mit dem restlichen Käse mischen und auf die Nudeln streuen, die restliche Butter in Flöckchen darauf setzen.

5. Den Auflauf im Ofen auf der mittleren Schiene in etwa 30 Minuten goldbraun backen.

Tipp

Makkaroni sind nicht nur in Italien beliebt. Schon früh kamen sie mit Einwanderern nach Amerika, wo sie oft und gern verwendet werden.

Statt der Makkaroni können auch Hörnchennudeln, Penne oder Fusilli verwendet werden.

Variationen

Besonders lecker schmeckt der Auflauf, wenn Sie für die letzten 10 Minuten etwa 10 dünne Scheiben Frühstücksspeck auf den Auflauf geben und diese kross werden lassen.

Sehr gut schmeckt dieser Makkaroniauflauf auch mit geschälten Tomaten. Dafür lassen Sie die Tomaten einer kleinen Dose (400 g) in einem Sieb gut abtropfen und schneiden sie in mundgerechte Stücke. Diese mischen Sie dann unter die restlichen Zutaten.

Boston Baked Beans
Gebackene Bohnen

400 g getr. weiße Bohnen
1 Prise Natron
1–2 TL Butter • 5 EL dunkler Rohrzucker •
6 EL dunkler Rohrzuckersirup • 2 TL Senfpulver •
1 TL schwarzer Pfeffer aus der Mühle
1 kleine Gemüsezwiebel • 8 Gewürznelken
300 g gepökelter Schweinebauch

1. Die Bohnen über Nacht in kaltem Wasser zugedeckt einweichen.

2. Am nächsten Tag die Bohnen im Einweichwasser aufkochen, Natron zufügen und die Bohnen zunächst 20 Minuten zugedeckt, dann ohne Deckel weitere 30 Minuten köcheln lassen. Entstehenden Schaum immer wieder abschöpfen. Die Bohnen durch ein Sieb abgießen, den Kochsud auffangen.

3. Dann den Backofen auf 160 °C (Umluft 130 °C; Gas Stufe 1–2) vorheizen. Eine Auflaufform mit Deckel mit der Butter einfetten. Die abgetropften Bohnen mit Rohrzucker, Rohrzuckersirup, Senfpulver und Pfeffer hineingeben. Anschließend alles gut verrühren.

4. Die Zwiebel schälen, mit den Gewürznelken spicken und in der Mitte in die Bohnen drücken.

5. Den Schweinebrauch waschen, trockentupfen und in dünne Streifen schneiden. Die Streifen auf die Bohnen legen und leicht andrücken. So viel von dem zur Seite gestellten Bohnenkochwasser dazugeben, bis die Bohnen ganz bedeckt sind.

6. Den zugedeckten Auflauf auf der unteren Schiene des Backofens 7–8 Stunden backen. Dabei ab und zu die Form mit etwas Bohnenkochwasser auffüllen, das Gericht aber während des Backens nicht mehr umrühren.

preiswert ✔

vegetarisch

als Snack

für Gäste

für Kids

low fat

schnell

einfach ✔

Für 4 Personen
- Zubereitungszeit: ca. 1 ¼ Std.
- Backzeit: ca. 7–8 Std.
- ca. 700 kcal je Portion

Southern Fried Chicken

Frittiertes Hähnchen

preiswert ✓

vegetarisch

als Snack

für Gäste

für Kids ✓

low fat

schnell

einfach

1 Poularde (1,5 kg) • 2 TL Salz •
2 TL weißer Pfeffer aus der Mühle

3 Knoblauchzehen • 2 frische große Eier •
125 ml Milch

250 g Weizenmehl • 1 TL Paprikapulver •
1 Prise getr. Thymian

1 l Sojaöl zum Frittieren

Für 4 Personen

- Zubereitungszeit:
  ca. 1 1/4 Std.
- Marinierzeit:
  ca. 2 Std.
- ca. 660 kcal je
  Portion

1. Die Poularde waschen, trockentupfen
und in 8 Portionsstücke zerteilen. Die Stücke
mit Salz und Pfeffer würzen und in eine
flache Schüssel legen.

2. Den Knoblauch schälen und durch eine
Knoblauchpresse drücken. Die Eier und die
Milch mit einem elektrischen Handrührgerät
oder mit dem Schneebesen schaumig schla-
gen und anschließend zusammen mit dem
Knoblauch über die Poulardenstücke gießen.

Das Ganze etwa 2 Stunden im Kühlschrank
durchziehen lassen.

3. In einer großen Plastiktüte das Mehl,
das Paprikapulver und den Thymian vermischen. Anschließend das Fleisch paar-
weise in die Tüte geben. Die Tüte fest verschließen und alles schütteln. Auf diese
Weise werden die einzelnen Fleischstücke
gleichmäßig paniert.

4. Das Sojaöl in einer Fritteuse auf etwa
180 °C erhitzen. Das erste Paar Poulardenstücke aus der Tüte nehmen. Die Schlegel
etwa 15 Minuten, alle anderen Stücke etwa
20 Minuten im heißen Fett goldbraun frittieren. Auf Küchenkrepp abtropfen lassen und
warm stellen, solange die restlichen Hähn-
chenteile frittiert werden. Dann sofort mit
Kartoffelbrei servieren.

Lobster Thermidor
Hummer Thermidor

preiswert

vegetarisch

als Snack

für Gäste ✔

für Kids

low fat

schnell

einfach

Für 4 Personen

- Zubereitungszeit:
  ca. 1 3/4 Std.
- Backzeit:
  ca. 10 Min.
- ca. 390 kcal je
  Portion

4 gegarte Hummerschwänze à 200 g (mit Panzer)
1 kleine Zwiebel • 4 EL Butter • 2 EL Mehl •
200 ml Milch • 3 Gewürznelken • 1/2 Lorbeerblatt •
etwas Salz • etwas Pfeffer aus der Mühle

1 frisches Eigelb • 2 EL Sahne • 1 Prise Muskatnuss •
1 TL Dijonsenf • 2 EL trockener Sherry

6 EL geriebener Parmesan

1 Salatgurke • 4 EL Joghurt • 2 EL gehackter Dill •
1 EL gehackte Basilikumblättchen

1. Zunächst das Hummerfleisch aus den Schalen lösen. Dazu die bauchseitigen Panzer abtrennen, den Darm vorsichtig entfernen, das Fleisch herausnehmen und grob würfeln. Die Rückenpanzer beiseite stellen.

2. Die Zwiebel schälen und fein hacken. 2 EL der Butter in einem kleinen Topf bei mittlerer Hitze zerlassen, das Mehl darüber stäuben und etwa 2 Minuten anschwitzen. Die Milch langsam darunter rühren. Die Zwiebelwürfel, die Gewürznelken und das Lorbeerblatt dazugeben und das Ganze mit Salz und Pfeffer abschmecken.

3. Das Eigelb mit der Sahne verrühren. Etwas von der Sauce zur Eigelbmischung geben und verrühren. Die Eigelbmischung zur Sauce geben. Diese mit Muskat, Senf und Sherry erneut abschmecken und kurz aufkochen lassen.

4. Dann den Backofen auf 220 °C (Umluft 190 °C; Gas Stufe 3–4) vorheizen. Die Gewürznelken und das Lorbeerblatt aus der Sauce nehmen. Etwas Sauce in die beiseite gestellten Hummerschwanzpanzer geben, das gewürfelte Hummerfleisch hinzufügen und die restliche Sauce darauf verteilen. Die restliche Butter auf den Hummerschwänzen verteilen und alles mit dem Parmesan bestreuen.

5. Die Hummerschwänze auf der obersten Schiene im Backofen überbacken, bis die Sauce eine goldbraune Farbe hat.

6. Inzwischen die Gurke in hauchdünne Scheiben schneiden oder hobeln und mit dem Joghurt, dem Dill und dem Basilikum mischen. Auf gekühlten Tellern anrichten und den überbackenen Hummer auf separaten Tellern heiß servieren.

Tipp

Statt der Hummerschwänze können Sie auch ausgelöste Langustinos (Kaisergranate, echte Scampis) nehmen. Servieren Sie diese in kleinen Auflaufförmchen.

Jambalaya
Jambalaya

Für 6 Personen

- Zubereitungszeit: ca. 1 ½ Std.
- ca. 600 kcal je Portion

200 g Hähnchenbrustfilet • 400 g Knoblauchwurst (z. B. Andouille oder Chorizo) • 2 Knoblauchzehen

1 Gemüsezwiebel • 2 Stangen Bleichsellerie • 1 kleine, grüne Paprikaschote

5 EL Öl

2–3 Pimentkörner • 3 Lorbeerblätter • 2 TL getr. Thymian • ½ TL Cayennepfeffer • ½ TL Pfeffer aus der Mühle • ½ TL Kreuzkümmel • 1 TL Salz • 1 kleine Dose Tomaten (425 ml)

300 g Langkornreis • 800 ml Geflügelbrühe (Instant) • 500 g Tiefseegarnelen mit Schale

1. Die Hähnchenbrustfilets waschen, trockentupfen und in etwa 2 cm große Würfel schneiden. Die Knoblauchwurst ebenfalls würfeln. Die Knoblauchzehen schälen und durch eine Knoblauchpresse drücken.

2. Die Zwiebel schälen, den Sellerie waschen und putzen. Alles in feine Würfel schneiden. Die Paprika waschen, halbieren, den Stielansatz, die weißen Trennwände sowie die Kerne entfernen und das Fruchtfleisch in kleine Würfel schneiden.

3. Das Öl in einem großen, schweren Topf erhitzen und die Hähnchenwürfel darin scharf anbraten. Das Fleisch herausnehmen und beiseite stellen. Die Knoblauchwurst in den Topf geben und ebenfalls leicht anbraten. Die Wurst herausnehmen und beiseite stellen.

4. Knoblauch, Zwiebel, Bleichsellerie und Gemüsepaprika in den Topf geben und andünsten, jedoch nicht bräunen lassen.

5. Die Pimentkörner in einem Mörser fein zermahlen und mit den Lorbeerblättern und den restlichen Gewürzen zum Gemüse geben. Die Tomaten in kleine Stücke schneiden und mit dem Tomatensaft aus der Dose, der Knoblauchwurst und dem Hähnchenfleisch in den Topf geben. Das Ganze unter ständigem Rühren etwa 10 Minuten offen köcheln lassen.

6. Den rohen Reis und die Hühnerbrühe in den Topf geben und alles etwa 20 Minuten zugedeckt weiterköcheln lassen. Inzwischen das Garnelenfleisch aus den Schalen lösen. Dazu mit einer drehenden Bewegung den Schwanz vom Kopfteil lösen und schälen. Die Garnelenschwänze am Rücken etwa bis zur Hälfte einschneiden und die schwarzen Därme entfernen.

7. Die Garnelen vorsichtig unter die Reismischung heben und die Jambalaya etwa 15 Minuten zugedeckt weiterköcheln lassen. Nicht zu oft rühren, damit der Reis nicht matschig wird. Wenn die Flüssigkeit im Topf aufgesaugt und der Reis weich ist, ist die Jambalaya fertig.

New York Cheesecake
Käsekuchen

12 Stücke

- Zubereitungszeit:
  ca. 45 Min.
- Kühlzeit:
  ca. 1 Std.
- Backzeit:
  ca. 1 ½ Std.
- ca. 600 kcal je
  Stück

250 g Mehl • 80 g Zucker • 1 TL abgeriebene
Schale einer unbehandelten Zitrone • 1 TL abgeriebene Schale einer unbehandelten Orange • 100 g
kalte Butter • 1 frisches Eigelb • ½ TL Vanilleextrakt
Mehl zum Ausrollen
1 TL Butter zum Einfetten •
150 g getr. Hülsenfrüche zum Blindbacken
1,25 kg Doppelrahmfrischkäse oder Ricotta •
250 g Zucker • ½ TL Vanilleextrakt • 2 TL abgeriebene Schale einer unbehandelten Zitrone • 2 TL
abgeriebene Schale einer unbehandelten Orange •
7 frische kleine Eier • 4 EL Mehl • 50 g Sahne

1. Für den Teig das Mehl in eine Schüssel
sieben, Zucker sowie Zitronen- und Orangenschale dazugeben. Die Butter in Stücke
schneiden und zusammen mit dem Eigelb
und dem Vanilleextrakt zum Mehl geben.
Das Ganze rasch zu einem geschmeidigen
Teig verkneten. Diesen etwa 1 Stunde kühl
stellen.

2. Dann den Backofen auf 200 °C (Umluft
170 °C; Gas Stufe 3) vorheizen. Den Teig auf
einer bemehlten Arbeitsfläche 4–5 mm dick
ausrollen. Für den Boden einer Springform
(etwa 24 cm Ø) einen Kreis ausschneiden.
Die Teigreste kalt stellen.

3. Die Springform mit der Butter einfetten
und darin den Boden auslegen. Den Boden
mit Backpapier bedecken, die Hülsenfrüchte
einfüllen und den Boden im Ofen auf mittlerer Schiene etwa 15 Minuten blind backen,
bis er goldgelb ist. Danach abkühlen lassen.

4. Nun die Temperatur des Backofens auf
250 °C (Umluft 220 °C; Gas Stufe 5) er-
höhen. Für die Käsecreme den Frischkäse
mit dem Zucker, dem Vanilleextrakt und der
Zitronen- und Orangenschale verrühren. Nach
und nach die Eier unter ständigem Rühren
dazugeben. Anschließend das Mehl und die
Sahne darunter rühren.

5. Aus dem restlichen Teig eine Rolle formen und damit den Rand der Form so hoch
wie möglich auskleiden. Die Käsemasse auf
den Boden geben und den Kuchen im heißen
Ofen 15 Minuten auf mittlerer Schiene
backen. Die Backofentemperatur auf 100 °C
(Umluft 70 °C; Gas Stufe 1) reduzieren und
den Kuchen etwa 1 Stunde weiterbacken.
Den Cheesecake danach auskühlen lassen
und vor dem Servieren 2 Stunden im Kühlschrank kalt stellen.

Tipp

Statt Mehl können Sie auch ein Päckchen Vanille-
puddingpulver in die Quarkmasse rühren, dann be-
kommt der Käsekuchen eine schöne gelbe Farbe.

Blueberry Muffins with Streusel Topping

Blaubeermuffins mit Streuseln

12 Stück

- Zubereitungszeit: ca. 20 Min.
- Backzeit: ca. 25 Min.
- ca. 410 kcal je Stück

300 g Weizenmehl • 150 g Zucker • 2 TL abgeriebene Schale einer unbehandelten Zitrone •
1 TL Backpulver

150 g Butter • 2 frische Eier • 125 ml Milch

300 g Blaubeeren

1. Zuerst 200 g Mehl in eine Schüssel sieben. 100 g Zucker, 1 TL Zitronenschale und das Backpulver dazugeben. Gut verrühren und in die Mitte eine Vertiefung drücken.

2. Nun 100 g Butter in einem Topf schmelzen, etwas abkühlen lassen. Mit den Eiern und der Milch verrühren und in die Vertiefung der Mehlmischung geben. Alles mit einem Kochlöffel zu einem groben Teig verrühren.

3. Die Blaubeeren waschen, verlesen und vorsichtig unter den Teig geben. Dieser darf nicht zu lange gerührt werden.

4. Die restliche Zitronenschale mit dem restlichen Zucker in einer Schüssel mischen. Das Ganze einige Minuten ziehen lassen. Inzwischen den Backofen auf 200 °C (Umluft 170 °C; Gas Stufe 3) vorheizen. Eine Muffinform gut mit Butter einfetten und den Teig in die Vertiefungen geben.

5. Das restliche Mehl sowie die restliche Butter zur Zuckermischung geben und alles mit den Fingern zu feinen Streuseln zerkrümeln. Diese auf den Teig streuen.

6. Die Muffins im Ofen auf der mittleren Schiene etwa 25 Minuten backen. Sie sind fertig, sobald die Streusel goldbraun sind. Die Muffins kurz abkühlen lassen, aus der Form nehmen und lauwarm servieren.

Tipp

Wenn Sie keine Muffinform haben sollten, können Sie den Teig auch in 8 Souffléformen à 8 cm Ø backen.

Chocolate Fudge Brownies

Brownies

400 g Halbbitterkuvertüre • 180 g Butter •
3 frische Eier • 75 g dunkler Rübensirup •
1 Prise Salz • 2 TL Vanilleextrakt • 200 g Weizenmehl • 150 g Puderzucker • 2 EL Kakaopulver •
1 Tl Backpulver

75 g weiße Kuvertüre

1. Für den Teig 150 g der Halbbitterkuvertüre mit der Butter in einem Wasserbad langsam schmelzen lassen. Den Ofen auf 180 °C
(Umluft 150 °C; Gas Stufe 2–3) vorheizen.

2. Die Eier mit Rübensirup, Salz und Vanilleextrakt in einer Schüssel verrühren. Mehl,
Puderzucker und Kakao sieben, mit dem
Backpulver vermischen und das Ganze esslöffelweise unter die Eiermasse rühren.

3. Die geschmolzene Schokoladen-Butter-
Masse zum Teig geben und alles zu einem
glatten Teig verrühren. Danach weitere
100 g der Halbbitterkuvertüre mit einem

Messer in kleine Stücke hacken und unter
den Teig rühren.

4. Anschließend eine rechteckige Back-
form (etwa 25 x 30 cm) mit Backpapier auslegen. Den Teig gleichmäßig in der Form verteilen und im heißen Backofen auf der mittleren Schiene etwa 40 Minuten backen.

5. Den Kuchen etwas auskühlen lassen,
dann vorsichtig stürzen und in etwa 5 cm
große Quadrate schneiden.

6. Zum Verzieren die restliche Halbbitterkuvertüre im Wasserbad schmelzen lassen.
Die Oberseite der Brownies hineintauchen,
umdrehen und auf einem Kuchengitter abkühlen lassen.

7. Die weiße Kuvertüre in einem Wasser-
bad schmelzen lassen und in eine kleine
Plastiktüte geben. Eine kleine Spitze von der
Tüte abschneiden und die Kuvertüre als Zick-
Zack-Linien auf die Brownies geben.

preiswert
vegetarisch ✔
als Snack ✔
für Gäste
für Kids ✔
low fat
schnell
einfach

ca. 40 Stück

● Zubereitungszeit:
  ca. 1 Std.
● Backzeit:
  ca. 40 Min.
● ca. 110 kcal je
  Stück

Apple Pie

Gedeckter Apfelkuchen

preiswert ✔

vegetarisch ✔

als Snack

für Gäste ✔

für Kids

low fat ✔

schnell

einfach

12 Stücke

- Zubereitungszeit: ca. 45 Min.
- Backzeit: ca. 1 Std.
- ca. 330 kcal je Stück

400 g Weizenmehl • 350 g kalte Butter •
210 g Zucker • etwas Salz
1 frisches großes Ei • 1 TL Apfelessig
6 Äpfel (z. B. Braeburn) • Saft von 1 Zitrone
etwas Mehl zum Ausrollen
etwas Butter zum Einfetten
75 g dunkler Rohrzucker • 2 TL Mehl •
1 TL gem. Zimt • 1 Prise Muskatnuss •
$\frac{1}{2}$ TL gem. Kardamom
2 TL Butter
1 EL Hagelzucker

1. Für den Teig das Mehl in eine Schüssel sieben. Die Butter in Stücke schneiden und mit 2 TL Zucker und 1 TL Salz zum Mehl geben. Alles zu einer krümeligen Masse kneten.

2. Das Ei mit dem Essig und 125 ml Wasser verrühren und zur Krümelmasse geben. Alles zu einem glatten Teig verkneten und etwa 45 Minuten kühl stellen.

3. Für die Füllung die Äpfel schälen, vierteln, entkernen, in kleine Würfel schneiden und mit dem Zitronensaft beträufeln.

4. Den Teig auf einer bemehlten Fläche ausrollen und 2 Kreise in der Größe der Form (etwa 24 cm Ø) ausschneiden. Die Teigreste zur Seite legen.

5. Dann den Backofen auf 190 °C (Umluft 160 °C; Gas Stufe 2–3) vorheizen. Eine Pie-form (etwa 24 cm Ø) mit Butter einfetten. Den Boden der Form mit einem der Teigkreise belegen und den Teig etwa 3 cm am Rand nach oben drücken.

6. Den restlichen Zucker, Rohrzucker, 1 Prise Salz, Mehl, Zimt, Muskat und Kardamom miteinander verrühren und unter die Apfelwürfel mischen.

7. Die Füllung gleichmäßig auf dem Teig in der Form verteilen. Die Butter in Flöckchen darüber geben. Das Ganze mit der zweiten Teigscheibe bedecken. Die Ränder vom Teigdeckel und den Teig am Rand der Form zusammendrücken.

8. In die Mitte der oberen Teigplatte ein etwa 3 cm großes, rundes Loch schneiden, damit der beim Backen entstehende Dampf entweichen kann. Aus den Teigresten z. B. eine Kordel formen und diese auf den äußeren Teigrand legen.

9. Den Kuchen im heißen Ofen auf mittlerer Schiene etwa 40 Minuten backen. Die Apple Pie dann mit Aluminiumfolie bedecken und weitere 15 Minuten backen. Den Kuchen in der Form auskühlen lassen und mit dem Hagelzucker bestreut lauwarm servieren.

Toll House Cookies

Schokoladenplätzchen

preiswert

vegetarisch ✔

als Snack ✔

für Gäste

für Kids ✔

low fat

schnell

einfach ✔

ca. 20 Stück

- Zubereitungszeit: ca. 45 Min.
- Backzeit: ca. 10 Min.
- ca. 170 kcal je Plätzchen

150 g Butter • 6 EL brauner Rohrzucker • 6 EL Zucker
1 frisches großes Ei • ½ TL Salz • ½ TL Vanilleextrakt • 200 g Weizenmehl • ½ TL Natron
75 g Nusskerne (z. B. Walnüsse) •
100 g Vollmilchschokolade

1. Die zimmerwarme Butter cremig rühren. Den Rohrzucker und den Zucker langsam unter ständigem Rühren dazugeben. So lange weiterrühren, bis sich der Zucker vollständig aufgelöst hat.

2. Das Ei, das Salz und den Vanilleextrakt dazugeben. Das Mehl sieben, mit dem Natron vermischen und esslöffelweise unter ständigem Rühren zum Teig geben. Alles zu einem glatten Teig verrühren.

3. Dann den Backofen auf 180 °C (Umluft 150 °C; Gas Stufe 2–3) vorheizen. Die Nüsse hacken, die Schokolade in kaffeebohnengroße Stückchen zerkleinern und beides unter den Teig rühren.

4. Den Teig esslöffelweise auf ein mit Backpapier ausgelegtes Backblech geben. Dabei auf ausreichenden Abstand zwischen den einzelnen Plätzchen achten. Diese im Ofen in mehreren Portionen nacheinander auf der mittleren Schiene je 10–12 Minuten backen.

Tipp

Die Schokoladenplätzchen bewahren Sie am besten in einer verschließbaren Metalldose auf. So bleiben sie länger frisch.

Lemon Pie

Zitronenkuchen

¹/₂ Rezept Mürbeteig (S. 48)
5 frische große Eier • 3 unbehandelte Zitronen •
1 Orange • 200 g Zucker • 150 g Crème double •
¹/₂ TL Vanilleextrakt • 1 Prise Salz

1. Den Teig wie auf Seite 48 beschrieben zubereiten. Den Backofen auf 220 °C (Umluft 190 °C; Gas Stufe 3–4) vorheizen.

2. Den Teig ausrollen, den Boden und den Rand einer tiefen Pieform (etwa 24 cm Ø) damit auslegen und den Teig mit einer Gabel gleichmäßig einstechen. Den Teig etwa 6 Minuten im heißen Ofen auf der mittleren Schiene backen, dann aus dem Ofen nehmen und abkühlen lassen. Den Backofen anlassen.

3. Zwei der Eier trennen und die Eiweiße beiseite stellen. Die Schale von 2 Zitronen abreiben und die Zitronen sowie die Orange entsaften. Die restlichen 3 Eier und die beiden Eigelbe mit dem Zitronen- und dem Orangensaft, 150 g des Zuckers, der Crème double, dem Vanilleextrakt, Salz und Zitronenschale verrühren. Vorsicht: es darf sich kein Schaum bilden.

4. Die Mischung auf den gebackenen Teigboden geben und das Ganze 30–40 Minuten im Backofen auf der mittleren Schiene backen, bis der Belag eine dunkelgoldene Farbe hat.

5. Kurz vor Ende der Backzeit die beiseite gestellten Eiweiße zu steifem Schnee schlagen. Die restlichen 50 g Zucker portionsweise darunter schlagen. Den Eischaum gleichmäßig auf den Belag streichen und den Kuchen weitere 5 Minuten im Ofen backen. Die Lemon Pie vor dem Servieren auf Zimmertemperatur abkühlen lassen.

12 Stücke
- Zubereitungszeit: ca. 45 Min.
- Backzeit: ca. 50 Min.
- ca. 330 kcal je Stück

Chocolate Chip Fudge Cake
Schokoladentorte

12 Stücke

- Zubereitungszeit:
  ca. 2 Std.
- Backzeit:
  ca. 1 ¼ Std.
- ca. 700 kcal je
  Stück

150 g weiche Butter • 500 g Zucker •
3 frische große Eier

250 g Weizenmehl • 1 TL Backpulver • 80 g Kakaopulver • 1 TL Natron • 1 Prise Salz • 300 ml Milch •
1 TL Vanilleextrakt • 4 EL Schokoladen-Minz-Likör

100 g Halbbitterkuvertüre • 125 g Crème double •
1 EL heller Rohrzuckersirup

2 EL Butter

500 g Crème double • 4 EL Kakaopulver •
7 EL Puderzucker

2 EL Schokoladensauce (Fertigprodukt)

1. Zunächst den Backofen auf 180 °C (Umluft 150 °C; Gas Stufe 2–3) vorheizen. Eine Springform (etwa 24 cm Ø) mit Backpapier auskleiden.

2. Die Butter cremig rühren. Nach und nach 350 g Zucker dazugeben und weiterrühren, bis sich der Zucker vollständig aufgelöst hat. Die Eier nacheinander zufügen.

3. Mehl und Backpulver vermischen und in eine Schüssel sieben. Kakaopulver, Natron und Salz dazugeben. Die Mehlmischung esslöffelweise unter ständigem Rühren zur Eiermasse geben. Die Milch, den Vanilleextrakt und den Schokoladen-Minz-Likör hinzufügen und alles zu einem glatten Teig verarbeiten.

4. Den Teig in die Form füllen und etwa 45 Minuten auf der mittleren Schiene backen, bis die Oberfläche bei einer Fingerdruckprobe elastisch nachgibt. Den Kuchen herausnehmen, etwa 30 Minuten in der Form abkühlen lassen und dann auf ein Kuchengitter stürzen. Das Backpapier abziehen und den Kuchen ganz auskühlen lassen.

5. Inzwischen für die Füllung 25 g der Kuvertüre grob hobeln und kühl stellen. Den restlichen Zucker, Crème double, die restlichen 75 g der Kuvertüre (grob gewürfelt) und den Rohrzuckersirup zusammen in einer Pfanne bei mittlerer Hitze erwärmen.

6. Den Pfanneninhalt kurz aufkochen, dann die Hitze reduzieren und alles etwa 10 Minuten köcheln lassen. Wenn die Füllung zähflüssig ist, vom Herd nehmen und die Butter in Stückchen darauf schmelzen lassen. Die Masse auf Raumtempratur abkühlen lassen und die Butter kräftig unterrühren.

7. Für die Schokoladencreme die Crème double mit dem Kakaopulver verrühren, dann unter ständigem Rühren löffelweise den Puderzucker dazugeben und das Ganze steif schlagen.

8. Den ausgekühlten Tortenboden in der Mitte mit einem Messer oder einem Faden quer durchschneiden. Die beiden Böden vorsichtig trennen. Auf dem unteren Boden die Füllung glatt streichen. Die gehobelten Kuvertürestücke gleichmäßig darauf geben und 8 EL der Schokoladencreme darüber verteilen.

9. Den oberen Tortenboden darauf setzen. Die Oberseite und die Seitenflächen der Torte mit der Hälfte der restlichen Schokoladencreme bestreichen. Mithilfe einer Sterntülle die restliche Schokoladencreme dekorativ als Rosetten auf die Torte spritzen. Die Torte 1–2 Stunden kühl stellen.

10. Die Schokoladensauce in eine kleine Plastiktüte füllen, eine kleine Spitze des Beutels abschneiden und die Torte mit der Schokoladensauce dekorieren.

Sweet Potato Pecan Pie
Pekannuss-Bataten-Kuchen

preiswert

vegetarisch ✔

als Snack

für Gäste ✔

für Kids

low fat

schnell

einfach

8 Stücke

● Zubereitungszeit:
   ca. 2 Std.
● Kühlzeit:
   ca. 1 Std.
● Backzeit:
   ca. 1 ¾ Std.
● ca. 600 kcal je
   Stück

150 g Mehl • 200 g Zucker • 1 P. Vanillezucker •
1 TL abgeriebene Schale einer unbehandelten
Zitrone • 80 g kalte Butter • 1 frisches Eigelb
Mehl zum Ausrollen
Butter zum Einfetten
½ Dose Bataten (425 ml Doseninhalt) •
50 g brauner Rohrzucker • 1 Eiweiß •
1 TL Crème fraîche • 3 TL Vanilleextrakt •
1 Prise Salz • 1 Prise gem. Zimt •
1 Prise gem. Piment • 1 Prise Muskatnuss
50 ml dunkler Rohrzuckersirup • 2 frische kleine
Eier • 1 Prise Salz • 1 Prise gem. Zimt •
75 g Pekannusskerne

1. Für den Teig 150 g Mehl in eine Schüssel sieben. 40 g Zucker, Vanillezucker und Zitronenschale dazugeben. 50 g Butter in Stück schneiden und mit dem Eigelb zum Mehl geben. Das Ganze rasch zu einem geschmeidigen Teig verkneten. Diesen etwa 1 Stunde kühl stellen.

2. Dann den Backofen auf 220°C (Umluft 190° C; Gas Stufe 3-4) vorheizen. Den Teig auf einer bemehlten Arbeitsfläche 4–5 mm dick ausrollen.

3. Die Pieform mit Butter einfetten. Mit dem Teig den Boden und Rand einer Pieform auslegen und den Teig mit einer Gabel mehrmals einstechen.

4. Den Teig etwa 6 Minuten backen, dann aus dem Ofen nehmen und abkühlen lassen. Die Backofentemperatur auf 180°C (Umluft 150° C; Gas Stufe 2-3) reduzieren.

5. Für den Belag die Bataten abtropfen lassen, in grobe Stücke schneiden und mit einem Mixstab pürieren. Das Batatenpüree sowie 1–2 TL Butter, Rohrzucker, etwa 2 TL Zucker, Eiweiß, Crème fraîche, etwa 1 TL Vanilleextrakt sowie Salz, Zimt, Piment und Muskatnuss in eine Schüssel geben und mit einem elektrischen Handrührer glatt rühren.

6. Für den Pekansirup den restlichen Zucker, Rohrzuckersirup, Eier, die restliche Butter, Salz und Zimt in einer Schüssel mit dem Handrührer bei niedrigster Stufe so lange verrühren, bis der Sirup nur noch leicht trübe ist. Die Pekannüsse grob hacken und unter den Sirup heben.

7. Die Backofentemperatur auf 170 °C (Umluft 140 °C; Gas Stufe 1–2) reduzieren. Das Batatenpüree auf den vorgebackenen Teig geben und den Pekansirup darüber verteilen. Den Kuchen etwa 45 Minuten im heißen Ofen auf der mittleren Schiene backen.

8. Den Pekannusskuchen abkühlen lassen, aus der Form nehmen und mit Schlagsahne servieren.

Tipps

Anstelle von Pekannüssen können Sie auch die gleiche Menge Walnüsse verwenden.

Reste dieses Kuchens sollten Sie im Kühlschrank aufbewahren.

Praline Ice Cream

Pralineneis

700 ml Milch

4 frische Eigelbe

150 g Zucker • 1 Prise Salz

1 TL Vanilleextrakt • 375 g Sahne

12 Pralinen (z.B. Rumtrüffel)

Für 8 Personen

- Zubereitungszeit:
  ca. 2 ³/₄ Std.
- Kühlzeit:
  ca. 1 ¹/₂ Std.
- ca. 540 kcal je
  Portion

1. Die Milch in ein feuerfestes Gefäß geben und dies in ein leicht siedendes Wasserbad hängen. Die Milch fast bis zum Kochen bringen, d. h., erhitzen, bis an den Innenseiten des Milchgefäßes Bläschen aufsteigen.

2. Die Eigelbe in einer Schüssel schaumig schlagen. Etwa 100 ml der heißen Milch dazugeben und alles mit einem Holzlöffel gut verrühren.

3. Die Hitze des Wasserbads so reduzieren, dass das Wasser nur noch leicht köchelt. Die Ei-Milch-Mischung zur restlichen heißen Milch im Wasserbad geben und Zucker und Salz hinzufügen. Alles im Wasserbad etwa 25 Minuten rühren, bis eine glatte, cremige Masse entstanden ist. Diese Masse auf Zimmertemperatur abkühlen lassen und für mindestens 1 ¹/₂ Stunden in den Kühlschrank stellen.

4. Den Vanilleextrakt zur gekühlten Mischung geben. Die Sahne in einer Schüssel fest, aber nicht zu steif schlagen, dann unter die gekühlte Mischung heben und alles in eine Eismaschine geben.

5. Das Eis nach Herstelleranweisung gefrieren lassen. Kurz vor der Fertigstellung die Pralinen zerkleinern und in die Eismasse geben.

Tipp

Falls Sie keine Eismaschine besitzen, die Mischung in eine große Metallschüssel füllen und in das Gefriergerät stellen. Die Masse alle 10 Minuten mit einem Kartoffelstampfer oder einer Gabel pürieren, bis sie cremig gefroren ist.

Peach Ice Cream
Pfirsicheis

3 große, reife Pfirsiche • evtl. 2-3 TL Pfirsichlikör
1 TL frisch gepresster Zitronensaft • 300 g Zucker
1 Prise Salz • 3 frische große Eier • 150 ml Milch •
150 g Sahne
500 g Crème double • ¹/₂ TL Bittermandelaroma •
2 TL Vanilleextrakt

1. Die Pfirsiche schälen, die Steine entfernen, das Fruchtfleisch grob zerkleinern und zu einem feinen Mus pürieren. Nach Belieben den Geschmack mit dem Pfirsichlikör intensivieren.

2. Das Pfirsichmus mit dem Zitronensaft und 80 g des Zuckers verrühren und das Ganze durchziehen lassen.

3. Inzwischen den restlichen Zucker, Salz, Eier, Milch und Sahne in einem Topf mit dem Schneebesen verrühren und bei mittlerer Hitze unter ständigem Rühren etwa 20 Minuten offen köcheln lassen, bis die Mischung et-

was eingedickt ist. Den Topf vom Herd nehmen und die Creme auskühlen lassen.

4. Sobald die Creme kalt ist, Crème double, Bittermandelaroma, Vanilleextrakt und das Pfirsichmus miteinander verrühren und mit der Creme in eine Eismaschine geben. Dann nach Herstelleranweisung verfahren.

Tipp

Wenn Sie keine Eismaschine besitzen, die Mischung in einer großen Metallschüssel zugedeckt in das Tiefkühlgerät stellen. Das Eis alle 10 Minuten mit einem Kartoffelstampfer oder einer Gabel pürieren, bis das Ganze fest ist.

preiswert ✔
vegetarisch ✔
als Snack
für Gäste ✔
für Kids
low fat
schnell
einfach

**Für 6–8
Personen**

● Zubereitungszeit:
  ca. 3 Std.
● ca. 520 kcal je
  Portion (bei
  8 Personen)

Alphabetisches Rezeptverzeichnis

Englisches Rezeptverzeichnis

Impressum

Im FALKEN Verlag sind zahlreiche Titel zum Thema „Essen und Trinken" erschienen. Sie sind überall erhältlich, wo es Bücher gibt.

Sie finden uns im Internet: **www.falken.de**

Dieses Buch wurde auf chlorfrei gebleichtem und säurefreiem Papier gedruckt.

Der Text dieses Buches entspricht den Regeln der neuen deutschen Rechtschreibung.

ISBN 3 8068 2600 5

© 2000 by FALKEN Verlag, 65527 Niedernhausen/Ts.
Die Verwertung der Texte und Bilder, auch auszugsweise, ist ohne Zustimmung des Verlags urheberrechtswidrig und strafbar. Dies gilt auch für Vervielfältigungen, Übersetzungen, Mikroverfilmung und für die Verarbeitung mit elektronischen Systemen.

Umschlaggestaltung: Martina Eisele, München
Gestaltung: red.sign, Stuttgart
Redaktion dieser Auflage: Marlein Auge, Düsseldorf und red.sign, Stuttgart/Elly Lämmlen
Koordination und Schlussredaktion: Elly Lämmlen, FALKEN Verlag und Marlein Auge, Düsseldorf
Bildbeschaffung: Dr. Ruth Leners
Herstellung: Petra Becker, FALKEN Verlag und red.sign, Stuttgart
Titelbild: Klaus Arras, Köln
Weitere Fotos auf dem Umschlag: Das Bild auf der Umschlaginnenseite vorne wurde dem FALKEN Verlag freundlicher Weise vom Autor zur Verfügung gestellt. **W. Feiler,** Karlsruhe: Umschlagklappe, hinten, innen, re. o., re. m., re. u. / **FALKEN Archiv: W. Feiler:** Umschlagklappe, hinten, innen, li. o., li. m., li.u.
Rezeptfotos: FALKEN Archiv: M. Brauner: S. 23 / **W. Feiler:** S. 11, 12, 13, 15, 16, 17, 18, 19, 21, 22, 24, 25, 26, 27, 28, 29, 31, 33, 35, 36, 38, 39, 41, 42, 43, 45, 47, 49, 50, 51, 53, 54, 55, 57, 59, 60 und 61 / **M. Krapohl:** S. 37.
Weitere Fotos im Innenteil: FALKEN Archiv: W. Feiler: S. 8/9 / **U. Kopp:** S. 5 re. / **TLC:** S. 1., 4, 5 li., 6 li., 6 re. und 7.

Satz: red.sign, Stuttgart
Druck: Druckhaus Cramer, Greven

817 2635 4453 62